Karl Tannen

Reineke Voss

plattdeutsch nach der Lübecker Ausgabe von 1498

Karl Tannen

Reineke Voss
plattdeutsch nach der Lübecker Ausgabe von 1498

ISBN/EAN: 9783744672283

Hergestellt in Europa, USA, Kanada, Australien, Japan

Cover: Foto ©ninafisch / pixelio.de

Weitere Bücher finden Sie auf **www.hansebooks.com**

Reineke Voß

Plattdeutsch

nach der Lübecker Ausgabe von 1498 bearbeitet

von

Karl Tannen.

Mit einer Vorrede von Dr. Klaus Groth.

Bremen.
Verlag von Heinrich Strack.
1861.

Vorrede.

Claus Harms, der bekannte berühmte Kanzelredner, jetzt heimgegangen, einst mein väterlicher Freund, schrieb schon vor zwanzig Jahren in seinem Gnomon: „Wir halten die hochdeutsche Sprache nicht auf, sie hat sich, die Haupt- und Heldensprache, wie sie von Jemand genannt ist, gar zu sehr festgesetzt. Ein Haupt- und Heldenbuch in plattdeutscher Sprache möchte vielleicht etwas ausrichten wider ihre Verbreitung. Aber ein solches Buch schreibe einer!"

Geschrieben freilich war das Buch schon, aber der Staub von Jahrhunderten verdeckte seine Züge. Oder kannte der Alte, der Verfasser der Pastoraltheologie, die gar würdevoll in dreifaltiger Abtheilung vom Pastor, Priester, Prediger handelt, den alten Reineke nicht? oder wollte ihn nicht kennen, der vom Priester wenigstens nicht viel Gutes berichtet? Denn es ist seit fast vier hundert Jahren auf kein Gedicht deutscher Zunge mehr des Lobes gehäuft worden, als auf diesen plattdeutschen Reinke den Voß. Schon ein Zeitgenosse und Schüler Luthers, ein berühmter Dr. Erasmus Alberus schreibt über denselben: „Es haben auch vor dieser Zeit treffliche Leut durch Reymen gute Lehren geben . . . Aber unter allen habe ich nie kein feiner noch meisterlicher Gedicht gelesen, als das Buch von Reineken, welches ich nit geringer acht, denn alle Comedien der Alten. Desselben Buchs Meister ist ein Sachs gewest, ein hochverstendiger weiser Mann, ein Ehr aller Sachsen." Unsere deutschen Litterarhistoriker von dem ältesten, gelehrtesten an — Morhof in Kiel im 17 Jahrhundert — bis auf den geistreichsten und umfassendsten Gervinus, sind einig in der Anerkennung des culturgeschichtlichen und poetischen Werthes dieser Arbeit. Morhof sagt in seinem Unterricht von der teutschen Sprache und Poesie 1682: „In niedersächsischen Versen hat man den sogenannten und Jedermann bekannten Reineken Voß, ein überaus sinnreiches Buch . . . daß von keinem alten Poeten solches besser hätte können vorgestellet werden. Es mögen billig alle Niedersachsen dieß Buch . . . werth und in Ehren halten." Selbst Gottsched, der philiströse Vorkämpfer für eine allgemeine hochdeutsche Sprache und Litteratur, der wüthende Feind alles Provinziellen, der Mann der regelrechten Dichtung und Orthographie, dessen Werk wir diese Citate entnehmen, hielt es nicht für einen Raub, einen Abdruck des Reinke im Original zu veranstalten und eine Uebersetzung in hochdeutscher

Prosa voranzustellen, von welcher Arbeit wir indeß nicht wie er selbst urtheilen werden: „Ich schmäuchle mir, daß wenn viel andre Gelehrte geschickt gewesen wären, den Reinete Fuchs an's Licht zu stellen, doch sehr wenige in diesem Stücke es mir gleich gethan haben würden."

Aber schon gab es damals und vor Gottscheds Zeit eine ganze Reihe hochdeutscher Uebersetzungen in Versen und Prosa, gab es englische, französische, dänische, schwedische Bearbeitungen des Reinete, selbst lateinische und ebräische, außerdem eine Menge plattdeutscher Drucke von mehr oder weniger Werth und Genauigkeit, so daß man wohl annehmen darf, daß unter Gelehrten und Ungelehrten das Gedicht bis dahin bekannt und beliebt war. Unter Gelehrten blieb es bekannt und verehrt, ein speculum vitae aulicae, ein Spiegel des Hoflebens, der großen Welt, wie ein lateinischer Uebersetzer Hartmann Schopper selber es nennt, oder wie der Sachsen- und Schwabenspiegel eine Fundgrube für den deutschen Rechtsgelehrten, wie denn der Herr Johann Carl Hnr. Dreyer in seinen „Nebenstunden" 1768 eine lesenswerthe Abhandlung von diesem rechtsgeschichtlichen Nutzen des trefflichen Gedichts Reinke Voß geschrieben hat. Dem Ungelehrten, dem lesenden, genießenden Publicum wurde es fremd. Die plattdeutschen Ausgaben im 18 Jahrhundert und von da an werden seltener und schlechter, die neueren guten, wie die von Hoffmann von Fallersleben, sind geradezu nur auf den Gelehrten berechnet. Gottscheds Ausgabe ist noch mit schönen Kupfern geziert. Die Eutiner z. B. hat so schlechtes Papier und Druck, daß sie kaum leserlich ist.

Das liegt nicht ganz an der veralteten Sprache. Schon Gottsched hat Unrecht, wenn er 1752 sagt: „In drittehalb hundert Jahren hat sich das Plattdeutsche überaus geändert, wie will man fordern, daß die verschiedenen niedersächsischen Landschaften in Westfalen, im Hannöverschen, Oldenburgischen, Lüneburgischen, Braunschweigischen, Magdeburgischen, Holsteinischen, Meklenburgischen, Brandenburgischen und Pommerschen diese alte Mundart ganz verstehen und mit Vergnügen lesen sollen?" — Vielmehr ist es sicher, daß ein gebildeter Plattdeutscher fast das ganze Gedicht Jedermann von gesunden Kopf und Sinnen aus den genannten Landen vorlesen könnte und, soweit es die Sprache angeht, noch verstanden würde: Verfasser dieses hat es mit Stellen die er auswendig weiß, öfter gelegentlich versucht. Aber der Geschmack im großen Publicum hatte sich geändert. Plattdeutsche Poesie war aus der Mode. Die Periode unserer classischen Litteratur baute vielleicht zu sehr den Ernst und die weichen Gefühle an, der Sinn für den Humor, wie er derb und übermüthig im Reineke auftritt, erstarb in der deutschen Litteratur.

Der Reineke Voß ist eine schlagfertige Schrift. Obgleich er seine Wurzel hat in der hochpoetischen, echt-germanischen Anschauung vom Thierleben, eine Anschauung zu der sich die classischen Völker des Alterthums nie frei genug erhoben, so daß mit Recht Jacob Grimm uns Deutschen die Erfindung der Thierfabel vindicirt und den Reineke par exellence das Thierepos nennt, so ist doch die plattdeutsche Bearbeitung der Sage aus dem Schluß des 15 Jahrhunderts — stamme sie nun von dem Ostfriesen Baumann oder einem Andern — aus der Zeit, wo fast alle poetischen Kräfte, die Brant, Murner, Hans Sachs und wie sie heißen, Theil nahmen an dem Kampfe den Luther und Hutten auskämpften, dem Kampfe gegen Pfaffen- und Junkerthum. Daher ein durchgehender Geschmack von Satire in dem Gedichte, der ihm ursprünglich fremder oder nur ein pikanter natürlicher Beischmack war, und für den das 18 Jahrhundert das Organ, weil den Gegenstand verloren hatte. Man hat im Reineke immer eine Satire auf das Hofleben gefunden und auch Göthe hat ihn so gefaßt, sagt Gervinus. Göthe umkleidete den alten plattdeutschen Schleicher in hochdeutsche Hexameter. Er hat damit der hochdeutschen Litteratur ein ganz neues Werk geschenkt, aber die ursprüngliche Dichtung ist mit der ästhetischen zugleich in eine ganz andere sittliche Atmosphäre gerückt, aus dem naiven Reineke ist ein Hofmann geworden, das satirische Element tritt ganz in den Vordergrund. Kaulbachs Zeichnungen zu Göthes Reineke, die durch eine Neigung zur persönlichen Satire beinahe etwas Böses bekommen und dadurch bis über die Grenze der Schönheitslinie hinausstreifen, würden zu dem plattdeutschen Original nicht mehr passen. Dieses verdiente daher wohl neben dem Göthe gelesen zu werden. Kenner desselben empfanden dies sogleich. Soltau in seiner hochdeutschen Uebersetzung, die 1802, nur acht Jahre nach der Götheschen erschien, sagt ganz dasselbe, was wir eben angeführt, und fügt dann hinzu: Der alte Reineke ist voll eben so schlichter als kernhafter Witzreden und Sittensprüchen. Für ihre Wiedergabe, meint der Uebersetzer, eigne sich nur ein schlichteres Gewand, dem Original ähnliche, kurze Reimzeilen. Aber auch von Soltau's Bearbeitung wendet sich unbefriedigt ab wer in die alte plattdeutsche Fassung irgend Einsicht gewonnen, und das lesende Publicum hat ihr nicht den Beifall geschenkt, den die Dichtung verdient. Dürfen wir über alle diese Versuche vielleicht noch mit dem meklenburgischen Satiriker J. W. Lauremberg einstimmen, welcher vor zweihundert Jahren über die damaligen so urtheilt:

In weltlicher Wisheit is keen Bok geschrewen,
Dem man billig mehr Rohm und Loff kann gewen
Als Reinke Voß; en schlicht Bok, darinnen
To sehnde is en Spegel hoger Sinnen,
Verständigkeit in dem ringen Gedicht,
Als en dürbar Schatt verborgen liggt.
Glik as dat Für schulet in der Asche
Un goldne Penninge in 'ner smerigen Tasche. —
Man hefft sik twar tomartert dat Bok to bringen
In hochdütsche Sprak, man et will ganz nich klingen,

It klappert gegen dat Original to reken,
As wenn man pleggt en Stücke ful Holt to breken,
Oder smitt en olen Pott gegen de Wand.
Dat maket, dewil ju is unbekannt
De natürliche Egenschopp dersülwen Rede,
Welke de angeborne Zierlichkeit bringt mede.

Scheint der Versuch nicht begründet, das Original selbst wieder unter das Publikum zu bringen? es etwa soweit zu verändern, wie ein Kenner desselben, der eine plattdeutsche Mundart geläufig spricht, es aus dem alten Drucke vorlesen könnte? Dieser Versuch ist hier gemacht, mit mehr Sorgfalt, vielleicht mit zu großer Ängstlichkeit dem ältesten Drucke von 1498 genau zu folgen. Denn von diesem Drucke ist nachgewiesen, daß er eine Umarbeitung eines älteren niederländischen Reinaert ist, aus dem manche Worte und Wendungen der holländischen Sprache herübergenommen sind, die das reine Plattdeutsch trüben. Einige Dreistigkeit dürften wir also auch wohl an Herrn Tannen entschuldigt haben, manche Schwierigkeiten hätte er damit umgangen, manche Mühe sich erspart, einige Breiten des Originals zum Nutzen der Dichtung kürzen mögen. Allein wer will mit der Gewissenhaftigkeit rechten? Auch darin hat er dem Original nachgestrebt, daß er das Alterthümliche der Sprache möglichst geschont hat. Wie weit er damit zugleich seiner lebenden Mundart, dem ostfriesischen Plattdeutsch gerecht geworden ist, muß ich Eingeborenen zu beurtheilen überlassen. Wie ich denn überhaupt in dieser Vorrede nicht als

Dat eerste Capittel.

Et passeerde upn Pingstfestdag,
Dat man de Wälder un Felder sagg
Gröne staan mit Loof un Gras,
Un mennig Vagel fröhlich was
Mit Singen, in Hägen un up Bomen;
De Krüden sproten un de Blomen,
De wol röken hier un daar:
De Dag was moje, dat Weer was klaar.
Nobel, de König vun alle Deeren
Heel Hof, un leet dat luut uutreren
Sien Land döör, öwerall.
Daar kemen veel Heeren mit groten Schall,
Dok kemen to Hof veel stolte Gesellen,
Man künn se alle fast nich tellen:
Lütke, de Kran un Marquart, de Häger,
Ja, düsse weren daar alle woldäger;
Wiel de König mit sine Heeren
Keem Hof to holen mit Ehren,
In Freiden un mit groten Love,
Un harr versammelt daar to Hove
Alle de Deeren, groot un kleene,
Reinke fehlde, de Voß, alleene.

He harr in den Hof so vele Mißdaan,
Dat he daar nich dürsst kamen noch gaan.
„De Quad deit, de schuut geern dat Licht",
So güng et ook Reinke, den Bösewicht.
He schude sehr des Königs Hof,
Daarin he harr keen grotet Loff.
Do de Hof also angüng,
Was daar nich Een, as alleen de Greving,
De nich harr to klagen öwer Reinke, den Voß,
Den man heel bannig falsk un los'.

Dat tweede Capittel.

Isegrim, de Wulf, begünn de Klage.
Sien Frünn, sien Verwandte na Herkamn un Sage,
De güngen all' vöör den König staan.
Isegrim, de Wulf, füng also an
Un sä: Hochgeboren König, gnädige Heer!
Döör ju Eddelheit un döör ju Ehr',
Beide döör Recht un döör Gnade,
Erbarmt ju des groten Schade,
De mi Reinke, de Voß, hett daan.
Daar ik faken vun heff empfahn
Grote Schande un swaar Verlüs,
Vöör alle Saken erbarmt ju düss',
Dat he mien gode Wief hett hohnt,
Un mine Kinder ook nich schoont;

He bemeeg un bedäd se, daar se legen,
Dat dree daarvun ene Krankheit kregen,
Un würrn daaröwer all' stocke blinn.
He höhnde mi jümmer, waar he künn.
Eenmal was et so wiet kamen,
Dat een Dag würr namen
Düsse Sake to richten un scheeden,
Reinke loog alles un sä ik schwör Eeden.
Do ik den Eed wull hebben tolest,
Weg was he, un ik seet vöörn Nest.
Heer, ditt weten noch Mann vöör Mann,
De hier nu sünt un bi mi staan.
Heer, ik künn nich in veer Weken
All' dat Quad vöör ju uutspreken,
Dat Reineke, de lose Mann,
In Falskheit mi to Leede hett daan.
Ja, weer all' dat Laken Pergement,
Dat der maket warrt to Gent,
Man schüll et daar nich up könen schriven;
Doch, Schlimmres dä he noch bedriven.
Dat lastern, dat he dä mien'n Wief, dat geit mi nah',
He friggt et betahlt, et ga wa et ga. —
As Isegrim so harr sien Klage daan,
Do keem daar een kleen Hündken gaan,
Dat dröög den Namn vun Wackerlos,
De klaagde öwer Reinke up Franzos,
Dat he so arm was wolehr,
Dat he nix, gaar nix, harr ook mehr
As ene Wust, so kleene,
Vöörn Winter upn Wiem alleene,

Un em Reinke besülwe neem.
Hinze, de Kater, de ook daar keem,
Al tornig güng vöörn König he,
Gnädige Heer, Heer König he sä,
Mög ji ook wesen Reinke nich hold,
So is hier Nüms vun Jung un Old,
De Reinke nich mehr förcht't as ju.
Wat Wackerlos hier klaget nu,
Da's veel' Jahr heer, dat laat ju seggen,
De Wust hör' mi, doch will ik keen Protest inleggen.
As if was gaan ins uppe Jagd,
Keem if ook inn Möhlen bi Nacht.
Den Müller fünd if slapend daar,
Den neem if de Wust, da's wisse wahr.
Harr Wackerlos jichtens wat daaran,
He't mine List verdanken kann. —
Do neem Panther glief dat Woort,
Do düsse Klage man harr hört:
Hinze laat dat Klagen bliven,
Ji köönt daar doch nix mit bedriven,
Reinke hett eenmal keen' Ehre,
Un Deef un Möörner is he sehre.
Dat segg if fri bi all' mien Ehren,
Ja, dit weten ook wol düsse Heeren.
He rowet un stillt, he isn Deef,
Nüms hett he in de Reken, Nüms hett he leef,
Sülfs de König, de doch is us' Heer,
Künn he, he neem em Good un Ehr',
Un gev dat hen vöörn fette Henne,
't is em all gliek den Deef am Enne.

Dat ik ju ditt bewisen mag,
Hört, wat passeer güstern Namiddag:
Lampe, de Hase, de hier steit,
Un de keen Kind sülfs Quad ook deit,
Den trüff he an up goden Wegen
Un böd em Freden, des Königs Segen.
Se güngen tosaam, un he wull em lehren
Fein up sien achtersten Been'n spazeeren;
He wull em maken to'n Caplan,
Un leet em vöör sik sitten gaan.
Se begünnen beide den Credo to singen,
Man Reinke harr vöör sien ole Dingen
Un höll Lampe feste truusken sine Been'n
Un begünn em daar ant Fell to teen.
Ik keem tosällig den sülwen Gang
Un hörde erer beiden Sang.
De Leckse, de eerst was begünnt,
Daar swegen se vun tor sülwen Stünd.
Do ik daar still bi jüm keem an,
Do fünn ik Meister Reineke staan,
He harr, da's 't Enn' vun düsset Speel,
Lampe, de Hase, bi de Kehl'.
Ja, wisse harr he dat Leben em namen,
Weer ik em nich to Hülpe kamen.
Hier künnt ji noch sehn de deepe Wunden,
De 'k em verbünd tor sülwen Stunden.
Ik segg ju, Heer König, un all' ji Heeren,
Willt ji ditt nich bestrafen, bi miner Ehren
Is braken de Frede, dat Recht un de Breve,
Un alles ditt vun Reinke, den Deve.

Den König schall ditt noch faken verbreeten,
Wi Alle künnen dit nooit vergeten.
Use Kinder schälen 't seggen öwer mennig Jahr,
Un Isegrim sä, 't warrt wisse wahr.
Reineke deit nu eenmal keen Good,
Un beter weer't, wenn he weer doot,
Dann künnen wi alle in Freden leben.
Man warrt em ditt ook weer vergeben;
Dann föhrt he mennigeen slimmer noch an,
De 't nich glöwt nu he vöör ju deit staan.

Dat dritte Capittel.

De Greving was Reinekes Bröders Söhn,
De neem do't Woort, spröök kört un schön
Öwer den Voß vöör all' de Heeren,
Of wahr ook weern all' de Beschweeren.
He sä to'n Wulf: Heer Isegrim hört,
Et is vöörwahr een oldsproken Woort:
„Des Fiendes Mund schafft selden from"
So dä ji ook Reinke, minen Ohm.
Was he ook man to Hove kamen
Un schmeichelde so des Königs Namen,
So as ji do't, Heer Isegrim,
Et schüll ju dünken keen Gewinn,
Dat ji hier öwer Dinge spreken,
De lange, lange sünd versleken.

Awer dat Quade, dat ji em hebbt daan,
Daar schwieg ji vun still, un latet et staan.
Et is noch mennigeen hier kund,
Dat ji mit Reinke harr't en Bund.
Ji wullen em we'n lick as Gesellen.
Hört to, ik will de Geschichte vertellen:
Et was in Winters Nacht un Noth
As Reinke vöör Isegrim güng in'n Dood.
Et passeer, dat een Fisker up sine Karen
De fungen Fiß na Huus wull fahren.
Isegrim harr darvun hatt geern een Paar
Doch was bi em dat Geld wat raar.
He bröcht mien'n Ohm in grote Noth,
De up den Weg sik led vöör doot.
Un vöör em stünd dit Aventür.
Seggt ins, würrn do em de Fiß wol düür?
As jenner minen Ohm daar seeg liggen int Spoor,
Trück he sien Schwerdt un sprüng vun de Kaar'.
He wull minen Ohm bi't Fell to rucken,
Man de leeg still un harr sien Nucken,
So dat he meen nu hett 't keen' Noth
Un led em uppe Kaar' un dacht, de is doot.
Ditt wagde he Alles um Isegrims Willen,
De Fisker dacht, morgen will ik em fillen.
As he upstegen was, um wider to fahren,
Smeet Reineke Fiß heraf vunr Karen.
Isegrim, de achter de Kare ansleek,
Passte good up, dat he alle insteek. —
Reinke sprüng wedder af vun'r Karen,
He höll't nich geheuer wiet mit to fahren,

Un harr ook geern vun de Fiß wucke Beet,
De Isegrim daar so smakelk eet.
He müßt na'n Docter, so veel harr he eten,
Dat Reinke daarvan ook kreeg nich een Beten.
De Greten, de Isegrim harr nich möcht,
De harr he Reinke to Diske bröcht.
Bi miner Tru, was dat wol sien? —
Reinke wüßt ins een slachtet fett Swien,
Un waar dat hangen dä inn Wiem,
Dat sä he up Globen an Isegrim.
Daar güngen se hen up beider Aventur,
Daarvun wat to kriegen, dat heel en Beten suur.
Reinke müßt krupen to'n Finster in
Un smeet et henuut daar up beider Gewinn.
Reineke harr daar sien vullet Wark,
Dat he de Hünne entleep, so groot un stark.
Se rückten al näger em up't Fell.
Ditt neem Isegrim wahr, de lose Gesell,
He freet et heel up, wiel Reinke in Noth,
Un as de 'm fünd, keen Knaken he'm böd.
Isegrim sä to em, hier is'n Stück Schinken,
Nu sett bi man daal to eten un drinken.
As Reinke dat Stück bi Lichte beseeg,
Was et dat Krummholt; daar seet he un sweeg.
Ja wahr is't, he künn ök vöör Smacht kuum noch spreken,
Un Isegrim was ook al lange wegsleken.
Ik segg et ju, König, mien gnädige Heer!
Ik wüßt wol noch hundert sück Stückjes un mehr,
De Isegrim all' hett an Reineke daan;
Dann künn ik wol lang noch na Huse nich gaan.

Keem Reinke to Hove mank düsse Gesellen,
He schüll et sülwen wol beter vertellen.
Gnädige Heer König, eddeler Fürst!
Wenn ik et man so seggen düröst,
Wat Isegrim, de Geck, daar spricht,
Wöre sünt et, de sik nich schickt.
Verklagt he doch sien eegen Wief,
Böör de he uptreen schüll mit Seel un Lief,
Wull Een er an de Ehre tasten.
Et is wol seben Jahr heer, mi dücht et fasten,
As Reinke upn Avenddanz,
Do Isegrim was butenlands,
De schöne Fru, Fru Giremund
Neem up in sinen Fründschaftsbund.
Bun de Tied an was de Verkehr
Twusken de beiden fründelk sehr.
Keen Een kann dat ook Wunder nehmen,
Dat Girmund uphöll sik to grämen.
Was Isegrim klook, he sweeg daarvun still
Wiel wenig Ehre em inbrengt dat Spill.
„De sien Näse affsnitt sien Angesicht schändt,"
Dat is vun düsset Leed dat End. —
Grimbart sä vörder, ook klaget de Hase,
Dat klingt asn Märken, asn wise Phrase.
As de Hase sien Leckse nich künn lesen,
Müßst Reinke do, de sien Mester dä wesen,
Em nich en Beten dat Fell versalen?
Daaröwer schüll man doch nich so prahlen!
Denn bruukde de Mester nich faken't Enn' Tau,
Sien Schölers würrn seker ok nümmermehr slau.

Nümmermehr lehrden se wat to bägen.
Dok Wackerlos klaagde, dat he harr kregen
Ene Wust up rechten Wegen,
De harr vöörn Winter he inn Wiem,
Un kreegn as sien Naber harr slacht't een Swien.
De Klage was beter bleben verhalen,
Ja, ik segg ju, he harr se sien'n Naber stahlen.
"Wie gewonnen, so zerronnen!"
Mit Rechten würd de Wust em namen,
Recht was 't, dat dat stahlen Ding he 'm namm:
En Eddelmann vun hogen Stamm,
Schall haten de Deve un schall se fangen.
Ja, harr he Wackerlos do uphangen,
Wer schüll em dat verwehren?
He leet et alleen to des Königs Ehren,
De alleen mit Lief un Leben strafft,
Minen Ohm hett et wenig Nützen schafft.
Reinke is'n rechtschapen Mann,
De eenmal keen Unrecht liden kann.
Fröher al, as de König sien Fre'n
Kündigen leet un se't uutropen dä'n,
Levde Reinke still as een Kluus'ner
In Fre'n kemen to em un güngen de Deer'.
He ett man eenmal up elkeen Dag,
Siet de Tied man nümmer em seeg uppe Jag'.
Dat Kleed, dat upn Live he dreggt is vun Haar
Fleesk kreeg he to smecken nich öwer een Jahr,
Wat Fleesk et ook si, wild o'r tamm,
Ik hörde't vun Een, de des Weges kamm.
Sien Slott, dat heet vun Malepertus,

Hett he verlaten un buut sik en' Kluf'.
Bleek un mager is he vun Hunger un Döst,
De liden vöör sine Sünne he mösst.
Gott gev, dat he bald to Kraft wedder kummt,
Dann kann he sien Klagers sülfs stoppen den Mund. --
Do düsse Wör' eben weern seggt,
Keem Hahn Henning mit sien Geslecht
In des Königs Hof infahren,
Un bröchten upn Dodenbaren
Ene dode Henne, de heete Krassefoot,
De Reinke eben harr beten doot:
Ahn Kopp un Hals vöör den König se leeg,
De genau bitt mit all' sine Heeren beseeg.

Dat veerde Capittel.

De Hahne keem vöör den König to staan,
Un seeg mit bedröösde Minen em an.
He harr bi sik twee Hahnen groot,
De trurden sehr um Krassefoots Dood.
Krejant de Ene heet mit Namn,
Dat was de beste ut sien Stamm
Twusken Holland un Frankrick;
De anner leet em al sehr glick,
Cantart heet de, de güng sehr sien,
Se drögen een Licht vun hellen Schien.
Der Hennen Broder weern düsse twee,
Se repen beide luut och un weh.
Um Krassefoot, erer Süster, Dood

Seeg man jüm an de Trurigkeit groot.
Noch weern daar twee anner, de drögen de Bar
Vun Widen al hör man luut klagen ditt Paar.
Henning, de Hahn, sä: Gnädige Heer,
König un Heer öwer alle Deer',
Hört mien' Wör' nu an in Gnaden,
Erbarmt ju des groten Schaden,
De mi Reinke hett andaan,
Mi un mien' Kinder, de hier staan.
De Winter as de man so kold nich mehr was,
Un man seeg Blomen, Loof un Gras
Bleien so schön un grön ook staan,
Dat passte so schön in minen Kraam.
Ik harr tein Söhne, 'ne moje Tall,
Un schöne Döchders seben tweemal.
De müchten all' so geerne leben,
De teine un de tweemal seben.
Mien Fru, dat kloke, söte Hohn,
Brööd all'de in enen Sommer, dat lohn'.
Se weern stark un wol tofreden,
Un söchten sik Föddsel up ener Steden,
De was bemürt, der Mönke Hof,
Daar waakden söss Hünne stark un groff.
De harren mien' Kinder vun Harten leef.
Dit hasste Reinke, de quade Deef,
Wiel he, so lang se bleben daarbinnen,
Ook nich een Eenziget künn gewinnen.
Wa faken sleek he bi Nebel un Nacht
Umr Müre mit groten wisen Bedacht;
Wenn ditt de Hünne kreegn to weten,

Dann was 't vöör em sümenstieb nich en Beten.
Ins harrn se em sien Sleek aflurt,
Mit nauer Noth keem eben he furt.
Do harrn wi Rau en korte Tied,
Bett he us keem vun en anner Siet.
Gnädige Heer, hört vörder mien' Klage:
As Kluus'ner keem he an enen Dage,
Un bröcht mi enen langen Breef;
Doch was he noch bleben desülwe Deef.
An den Breef daar hüngen ju Segels an,
Waarin ik mit grote Bookstaven fünd staan,
Dat Frede si vöör groot un kleen,
Vöör alle Deeren int Allgemeen.
Ik bün, sä he, nu Kluus'ner worden,
Lev ünner enen harden Orden,
Damit mien' Sünden mi warrt vergeben,
Hahn Henning kann nu in Freden leben.
Fleesk eet ik nich mehr, dat is mi verbo'n;
So spröök de ol' Deef; doch weer't man sien Hohn.
Kappe un Görtel, vun den Prior en Breef,
Ditt alles leet sehn mi de ole Deef.
Dok harr he an vun Haar een Kleed,
Ik löövde em, dat bröcht mi Leed.
Un as he weggüng, do sä he to mi:
Gott, den Heern, befehl' ik di.
Ik ga, ik hebb' noch veel to doon,
Ik mööt noch lesen Sext un Noon,
Dok Vesper daarto noch vun vundage;
Weg güng he un lees un bröchte us Plage.
Wat was ik blide un wol to Moth,

Dat nu een Enn' harr all' de Noth.
Ik güng to mine Kinder leef,
Vertell jüm wat mi sä de Deef.
Reinke, sä ik, is warrn en Kluusner
Wi bruken em nu nich to fürchten mehr.
Mit jüm alle güng ik do buten de Müür,
Daar öwerkeem us en helsk Aventür.
Reinke keem sliken ut ener Hägen,
Waar he so lang uppe Luur harr legen.
Wi weern vunr Müürporten to wiet,
So rook ik een vun mien' Kinder quiet.
Dat eet he up. Nu keem he we'er faken,
Un as us' Fleesk em begünd eerst to smaken,
Do künn us keen Jäger, do künn us keen Hund
Vör em verdägen to keener Stund.
Bi Nacht un bi Dage leeg he to luren,
Bi Nacht un bi Dage umsleek he de Muren,
Un roowde mi also mine Kinder.
Twintig un veer, nich mehr un nich minder,
Ik harr se all' leef, de nöömde ik mien,
Nu schöllt et wol nich baben sieve mehr sien.
Dat laat ju erbarm Heer König, Heer!
Vun twintig un veer sünt siev nu man mehr.
Mine Trurigkeit klag ik hett up düsse Stünne,
Noch güstern neem af em een vun us' Hünne
Mien gode Dochder, de beet he glick doot,
Hier liggt se, mien söte Krassefoot.
Ik be ju, laat et to Harten ju gaan,
Wat Reinke an mine Kinder hett daan.

Dat sievde Capittel.

De König sprook: Heer Greving kaamt heer,
Wat dünket ju denn vun düsse Mär?
Ji hebbt nu wol hört, wa he fastet un deit,
Un Recht un Gesetz int Oge sleit.
Wat schööl wi noch maken veel Wöre un mehr,
Lev 't een Jahr noch, ju'n Ohm geit et quer. —
Hahn Henning, ju Dochder, dat gode Hohn,
De will wi der Doden Gerechtigkeit doon,
Un laten er de Vigilie singen,
In Trurigkeit to Grave bringen.
Dat schall geschehn mit grote Ehren;
Dann will wi us mit düsse Heeren,
Öwer ern Moord na't Recht bespreken,
Wa de Undaad warrt am Besten uutgleken.
Darup geboot he Jungen un Olen,
Dat se alle Vigilie singen scholen.
Ik sä geern wer de Leckse süng,
Un de Responsen, dat et klüng.
Dat Placebo domino
Un alle Verse, de hörden daarto.
Ik kört et in düsse Wöre af:
Se leggt se nu int kole Graff.
Een Marmelsteen, so witt un klaar,
As Glas so blank poleert, stünn daar.
Daarup mit grote Bookstaven stünn,
Wer hier er leste Wohnung fünn:
Krassefoot, Hahnen Hennings Dochder, de beste,

De vele Eier leb in de Neste,
De wol verstünn mit de Föte to schraben,
De liggt ünner düssen Steen begraben.
In Falskheit, beet Reinke, de Kluusner, se doot,
Daarwöör gev alle Welt em Spott;
Wiel ahne Recht he't dä, na des Königs Sage, —
Wand'rer sta still hier un klage, ja klage!
Also neem de Schrift en Ende.
De König leet be'n all', de he kennde,
De Klookſten vunn Rath un gev to bedenken,
Dat düsse Unbaad em mächtig dä kränken.
Reinke, sä'n se, hört nich to de Besten
Us blifft nix öwer as noch to Lesten
To raden ju em en Bade to senden,
Reinke is falsk an alle Enden.
So latet em kamen to Hof noch vundage
Bruun, de Bär, magg brengen Befehl em un Klage.

Dat sösste Capittel.

De König sprook to Bruun, den Bär:
Bruun, ik segge ju, as ju Heer,
Dat ji mit Fliet düsse Böskupp do't,
Man seht, dat Wiesheit lenk ju'n Foot;
Denn Reinke is sehr falsk un quad,
Un weet so mennigeen losen Rath.
He warrt sik stellen fraam un leegen,

Ja, kann he't, he warrt ju wisse bedreegen. —
O, ne! sä Bruun, wa's dat vöörn Rede?
Ik sweer et bi den swaarsten Eede,
Gott straf mi mitn Ungefall;
Wenn'k led vun Reinke Hohn eenmal.
Ik wull em dat so deep inwriven,
He schull nich weeten vöör mi to bliven.
So möök sik Bruun denn up de Beene,
Stolt vun Moth un ganz alleene.
Döör ene Wüste, groot un lang,
Keem he toeerst up sinen Gang;
Dann keem he bi'n paar Barge an,
Reinke-Ohm pleeg daar jagen to gaan,
Un güstern was he noch daar west:
So keem he vöör Malepertus tolest.
Reinke beseet mennigeen mooi Huus,
Man dat Casteel vun Malpertus,
Dat was dat beste vun sien Börgen,
Daar resideer he, harr he Sörgen.
Do Bruun de Poorte sloten fünd
Vun Malpertus, stünn he un sünd.
Tolest reep he mit luden Toon:
Sünn ji daarbinnen, Reinke-Ohm? —
Bruun is hier in des Königs Namen,
De ju befehlt to Hof to kamen!
Maakt up de Poorte un gaat mit mi,
Süß kost et ju't Leben, et si wa et si.
De König draut ju mit Galgen un Rad,
Kaamt ji nich mit, buten Gnade ji staat. —
Reinke harr all' düsse Wöre wol hört;

He leeg daarbinnen un krullde sien Steert,
Un dachte na, wa den Bär he betahl
Sine stolten Wöre alltomal.
Daarmit sleek he deeper int Huus,
Bull Winkels un Läker weer Malpertus,
Mennig daarvun was krumm un eng un lang,
Dok gev't daar mennigeen selsen Utgang,
De he todä un tosloot,
Wenn he meen, he weer in Noth:
So wenn he harr en Roof inbrocht,
Of wenn he wüsst, dat man em socht
Um sien falske Missedaan;
Dann heel he hier Rath um to entgaan.
In Simpelheit, mennig Deer daar inleep,
Wat denn ook nich entgüng sinen Greep.

Dat sebende Capittel.

Do Reinke so des Bären Wör'
Verneem un dat alleen he weer,
Löövde he nümmer der Wören Stolt,
Un was bedacht upn Achterholt;
He güng to em henuut un sä:
Willkamen, Bruun=Ohm, ook ji hier, he, he!
Ik künn nich ehr ju willkamn heten,
Ik lees eben Vesper, dat möötji weeten.
Ik hope et schall mi we'n vun Nütten,
Dat ji ins kaamt to miner Hütten.
Willkamen sünn ji to jeder Tied,

Sett ju en Beten daal, ju Weg was wiet.
Ik seh, dat Gaan würr ju wol swaar,
Vun Sweet is natt ju Pelz un Haar;
Doch nümmer laat ju dat verdreeten,
De König ehrt ju, mööt ji weeten,
Süß harr he ju nich schickt as Bade,
Maakt ju't na Hartenslüst commode.
Ook hoop ik, dat ju gode Rath
Mi bi den König kümmt to baat.
Al harr ji ook den Weg nich daan,
Was 't mörgen doch to Hove gaan.
Vundage kann ik nich mehr lopen,
Ik leet al springen een paar Knopen;
Wiel ik mi heff geten so dick un satt,
Et was nie Spiese, de ik att.
Dat ganze Lief deit mi weh daarvan.
Reink'-Ohm, sä Bruun do, wat eet ji dann? —
Do spröök Reinke: leeve Ohm, wat hülp ju dat,
Wenn ik ju sä ook wat ik att.
Geringe Spiese was 't, de to mi ik neem,
Asn Graf kann leben nich user een!
Wi köönt et nich beter, mit us use Wiven,
So möten wi eten friske Honigschiven.
Düsse Kost müßst ik eten uut Noth,
Daarvun schwull mi up de Buuk so groot.
Ik müßst se eten ahn' mien Willen,
Un bün half krank vöör düsse Grillen.
Harr 'k en ander Kost vöördann,
Den Honig leet ik geerne staan. —
Do spröök Bruun: wat heff ik hört,

2*

Holl ji den Honig nich mehr werth?
Honig is mien beste Spiese,
Den ik vöör all' de andern priese.
Reinke seggt mi, wa kaam ik daarbi;
Dann will ik vöörn König verdägen ju.
Reinke spröök: Bruun=Ohm, wat nützt mi ju Spott.
Ne, ne sä Bruun, ik meen't so, bi Gott!
Spotten is eenmal gar nich mien Mode.
Do spröök wedder Reinke, de rode:
Is dat ju Eernst, so laat't et mi weten:
Mög ji wahrlik so geerne Honig eten?
Een Buur wahnt hier, de heet Rusteviel,
Sien Huus steit hier af man en halve Miel.
Daar gifft et Honig, verstaat mi recht,
Mehr as drägen kann ju ganz Geslecht.
Bruun, den steek so sehr dat Smeer,
Na Honig stünn all' sien Begehr.
He sä, so latet mi kamen daarbi,
Ik denk' ju dat wedder, dep glövet mi.
Wenn ik mi satt schull in Honig eten,
Müßt man mi nich all' to wenig to meten. —
Reinke spröök: laat us gaan up de Fahrt,
Honig schall warrn daar wisse nich spaart.
Al kann ik ook so recht nich gaan,
De rechte Tru is jümmer vööran,
De ik vöör ju int Harte dräge.
Mank all mien Fründskup, de ik plege,
Is ook nich Een mit den as mit ju ik 't do meenen,
Ik weet ook wol dat ji mi wedder köönt deenen,
Gegen mien Fiende un gegen er Klage,

In des Königs Hof ton Heeren Dage.
Daarto noch maak ik vun Honig ju satt,
Un dat vun den besten, market ju dat,
So veel as man jümmer ji köönt drägen;
Awer Reinke meende vun grote Slägen.
Reinke loog alles un leep sehr geswinde,
Bruun folgde em na, as was he en Blinde.
Reinke dachte, will mi et' gelingen,
Ik will di bald uppet Honigmarkt bringen.
Se kemen tohand bi Rusteviels Tuun,
Do freide sik sehre de Bär Bruun,
Sien Freide was man en Beten kört,
So warrt noch mennig Unkloke anföhrt.

Dat achte Capittel.

Do de Abend was kamen,
Wachte Reinke bett he harr vernamen,
Dat Rusteviel, de Honig=Buur,
To Bedde gaan was in sien Schuur.
Rusteviel stünn in grotet Loff
As Timmermann, un harr inn Hof
Ene Eeke liggen, de wull he klöven
Un harr daar ook al inslaan boven
Twee grote Kilen, de weern sehr glatt.
Reinke, de Voß, de markte dat.
Dat sülwe Holt was up ene Sied
Upflövt ene Elle wiet.

He sä: hört mi, Bruun-Ohm,
Recht hier in düsse sülwe Boom,
Is Honig mehr as ji köönt eten,
Ji mööt ju'n Kopp daar deep insteken.
Neemt nich to veel, dat is mien Rath,
Et mücht ju süß bekamen quad,
Ji Liefpien krigen, mööt ji weeten.
Bruun spröök: Reinke, nich en Beten.
Meen ji, ik künn mi nich bedwingen?
„Mate is good to allen Dingen!"
Also leet sik de Bär anföhren
Un steek den Kopp in öwer de Ohren,
De beiden vöörsten Föte ook,
Do Reinke en grote Arbeit mook;
He bröök de Kilen uut mit Hast,
Daar seet de Bär gefangen fast.
Mit Kopp un Föte in der Eeken,
Em hülp keen Schellen, em hülp keen Smeken.
He pleeg to we'n süß doch so stark,
Man hier harr he sien vullet Wark.
So bracht de Neffe sinen Ohm,
Mit Loosheit gefangen inn Boom.
He begünn to brasken un to hulen,
Un mit de achtersten Föte to pulen;
He möök so en groot Geluut
Dat Rusteviel bald keem na buut.
Daar he nich wüßt, wat kamen künn,
Neem de scharpe Biel he, de daar stünn,
Up Aventür, wenn't dä wol Noth. —
Bruun seet daar in Angst so groot.

De Glive kneep em, waarin he seet,
He wrüng sik un tröck sik mit Hänn' un Fööt.
De Pien leet sik drägen, wenn't daar mit was daan,
He möök sik gefasst, nich vundaar mehr to gaan.
Dat meen ook Reinke, as he seeg Rusteviel
Vun feern ankamen mit de blanke Biel'.
He reep Brunen to: wa steit et nu?
Eet't nich to veel, den Rath gev ik ju,
Smeckt ook de Honig noch so gut,
Rusteviel kümmt al, he is al daar buut.
Veellicht will he ju ook noch bedenken,
Un ju en Buddel Wien tor Mahltied schenken.
Daar mit güng Reinke wedder na Huus,
Un leb sik upt Ohr in Malepertus.

Dat negende Capittel.

Do keem Rusteviel tor sülwen Stünn,
Den Bär he so gefangen fünn.
Hastig leep he in enen Loop,
Na't Weerthshuus, waar seten de Buren tohoop,
De höllen daar en Freetup groot.
Kaamt gaue, sä he, bi mi is Noth.
In mien Hof liggt gefangen een Bär,
Kaamt gaue, ik segg ju't, 't is wisse wahr.
Se folgten em alle un lepen sehr,
Elkeen neem mit sik, wat he fünn as Gewehr.

De Ene harr en Forke, de Anner en Speet,
De Drütte en Harke, so as ji daar seht.
De veerde prahl luut: wa's dat vöörn Sake?
De sievde keem an mitn Bohnenstake.
De Paster un Köster mit sik beiden,
De dä'n ene Rede öwer dat Leiden.
De Paster sien Maid, de am Besten de Grütte
Bereide un kaakte, de heet of Fru Jütte.
De keem anlopen mit eren Wocken
Un stünn achtern Paster un Köster up Socken.
Ann Dage harr se bi't Spinnen seten,
Dok se wull Bruun=Ohm dat Fell vermeten.
As Bruun den Specktakel hör so groot
Un dat et güng up Leben un Dood,
Trück in Benaudheit den Kopp he daaruut,
Dat derin besitten blev de Huud,
Dat Bloot em vun Näs' un Ohren leep,
Un noch seten fast de Föte so deep.
He reet as of he weer vun Sinnen,
Sien Klauen bleven besitten daarbinnen,
Daarto dat Fell vun beide Föten,
De Honig was nich vun den söten
Daar em Reinke, sien Ohm, vun sä.
Ene quade Reise was 't, de he dä.
Ja, et was vöör em furchtbar de Fahrt.
Dat Bloot leep schier em öwer den Bart.
De Föte dään em weh so sehr,
Dat he nich gaan künn, nah' noch feer.
Rusteviel keem, un begünn to slaan,
Se güngen em alltomalen an,

De mit em kemen vun't Weerthshuus heer:
Bruun to slaan was all'er Begeer.
Sogar de Pape greep na en Staken
Un sloog em, waar he em künn raken.
He künn fast nargens mehr gaan noch krupen,
Se kemen öwer em in enen Hupen.
Een Deel mit Speeten, een Deel mit Bilen,
De Smidt harr mitbracht Hamer un Filen,
Enige harrn Schöffels, anner Spaden,
Se slögen em ahne alle Gnaden.
Se alle geben em riekliche Släg',
Dat he sik bebäde daar he leeg.
All' slögen se; ja, daar was nich so 'n Kleene.
Slobbe, mit de krummen Beene,
Un Ludolf mitr breden Näse,
De geben em de beste Lese.
Ludolf sloog mit sien holten Slinger,
Gerold mit de krummen Finger
Un sien Swager Kuckelree,
Allermeest slögen em düsse twee.
Abel Quack un daarto Fru Jutte
Un Taalke Lorden Quacks, de sloog mitr Butte,
Nich düsse alleen, ook noch ann're Wiven,
De däen Brunen dat Fell inriven.
He müsst hennehmen, all wat se em geben,
Kuckelree maakte dat meeste Leben.
He was ook de Eddelste vun Geboorte.
Fru Willigetrud, vöör de Kaffpoorte,
Dat was sien Moder, dat wüsst iber Mann,
Wer awer sien Vader was, Nüms wüsst daarvan;

Doch sä'n de Buren wol ünner eenander:
De Stoppelmeter was et, de swarte Sander,
Een stolt Mann, daar he was alleen.
Bruun müßt ook vun mennigen Steen.
Den Smeet hennehmen up sien Lief;
Se smeten na em beide, Mann un Wief.
Tolest mitn Knüppel lang un dick
Rustviels Brö'r em beseeg dat Genick.
Un gev em upn Koppe Släg',
Dat he nix mehr hör un seeg
Un upsprüng mit sien ganzet Lief,
Un wedder daal föll mank de Wief,
Un rasend manken jüm regeer,
Dat sieve kemen int Reveer.
De vöörbisloot un was sehr deep;
Hastig do de Pape reep,
Un was schier half verzagt:
Seht, daar gündert drifft Fru Jutte, mien' Magd,
Up ern Pelz un up ere Rocken;
Seht, hier liggt ook noch er Wocken,
Helpt 'er alltomalen nu,
Twee Tunne Beer, de gev ik ju,
Daarto Afflaat un Gnade groot.
Do leten se Brunen liggen vöör doot
Un lepen hen daar swummen de Wiven
Un hülpen uut dat Water de sieven.
As Bruun dat markte, wat de Klock harr slagen,
Wull he 't eenmal mit swemmen wagen
Un sprüng int Water mit groten Toorn,
Dat et em floog öwer Steert un Ohr'n.

Un as he vöör Wehdag' to brummen begünn,
Meende he, dat he ook swemmen nich künn.
Do dacht he, he wull sik man hier verdrinken,
Un möök sik bereit upt Undersinken,
Dat em nich slaan mehr dä'n de Bur'n,
De em al dä'n so hart belur'n.
He künn noch swemmen, un swumm so dägen;
Ja, do ditt de Buren segen.
Möten se'n groot Hallarm un dä'n sik grämen.
O, sä'n se, wi möten us Alle schämen!
Se harrn daarüm veel Striet un Scheel,
Un sä'n: de Wiven hebbt Schuld, 't is like veel!
Se kemen to Untied hier to Mate.
Seht, daar swemmt he hen sine Strate.
Se segen den Block na un würrn gewahr,
Dat daar noch insett sien Huud un Haar
Vun Föte, vun Ohren, dat was jüm leef,
Se repen em na: kümm wedder du Deef!
Hier sünd dien Ohren un Hansken as Pand,
So folgte toù Schaden em ook noch Schand';
Doch was he froh noch, dat so he entgüng,
He flöckte den Boom ook, de em füng.
Daarin he vun Föten un Ohren wat leet,
He flöckde Reineke, de verra'n em däd
Ditt was't Gebett, dat he sik lees,
So lang as he int Water was.
De Strom leep gau, dat was sien Glück,
Süß harrn se em kregen noch we'er bi't Genick,
So keem he jüm inr korten Wile
Uut Sicht, bina up ener Mile;

Daar krööp he upt Land, un dachte to geben
Sien Geest up; vöör Pien künn nich länger he leben.
O, Reinke, stänn he, du falske Creatur!
Dok dachte he an de quaden Buur',
De em slogen mit Harke, mit Forke mit Spect
Un dat Reinke so deep em inkrupen heet.

Dat teinde Capittel.

Do Reinke, de Voß, harr mit Bedacht
Sien Ohm also uppet Honigmarkt bracht,
Güng hen he, waar he Höhner wüßt,
Daar neem he een in quader List.
He dä sien Mahltied un leet et sik smecken,
Un as he ook drünken harr, dä he sik strecken,
Upt Öwer vun dat sülwe Reveer
Leeg he un frei sik, 't was doot moje Weer.
He frei sik, dat he den Bär harr bracht
To Rusteviel's Huus in jenner Nacht.
Ik weet, sä he, dat Rusteviel
Jümmer in Huus hett veel scharpe Biel;
Mien Fiend was Bruun, in hebb'k em 't dreben,
De Buren, de nehmen em seker dat Leben.
Ik heel em, da's wahr, vöör minen Ohm,
Man nu liggt doot he in den Boom,
Froh bün ik daaröwer all' mien Dagen,
He warrt ja nich mehr öwer mi klagen.

De Bösewicht endelk keem to Beene
Un güng en Beten spazeeren alleene
Ant Öwer hendaal, daar fünn he Bruun=Ohm,
De doch entlopen weer den Boom.
O, Rusteviel, sä he, du dumme Döwel!
Dat büst du, dat nimm mi nich övel. —
Du armet Wurm, kannst du nich lopen?
Wat hest du maakt mit dine Poten?
Du hest wol to veel vun den Honig eten
Un minen goden Rath vergeten?
So spröök Reinke as he sceg,
Dat Bruun so bedrööst un blödrig daar leeg.
He würr daaröwer utermaten froh,
Un sä to em, wa keem dat, waso?
Hei bi Rusteviel wat vergeten
So seggt et, if laat et em geerne weeten,
Dat ji ju hier do't nu upholen.
Ik gisse, ji hebbt em sien Honig stohlen.
Of hei se em betahlt?
Wer hett ju denn so roth anmalt? —
Dat is ju ene bedenkelke Sake!
Was de Honig ook vun goden Smake? —
Ik weet noch mehr, eben so goodkoop.
Leeve Ohm, seggt ins, ehr ik wegloop,
In wat vöör een Orden sün upnamen ji,
Dat een roth Käppi ji dräget, wie?
Hefft se ju glick al maakt ton Abt?
Na ju beide Ohren hett de ook snabbt,
De ju de kahle Platte hett schoren,
Ji hebbt se beide bina verloren.

Daarto ook noch dat Fell vun ju Wangen
Dok hei ju Hansken laten daar hangen. —
Do Bruun all' düsse leegen Wör'
Öwer sien Schaden vun Reinke hör,
Krööp he weer in dat Reveer,
Dat he daarvun nix hörde mehr,
Vöör Pien un Elend künn he nich spreken,
Dok künn he daaröwer mit Reinke nich reken.
Vöörn Strom leet he sik driven ne'er,
So keem uppe annere Sied he we'er,
Daar leeg he un was so krank un terbroken,
To sik sülwen hett he also sproken:
Al sloog man mi doot, ik kann nich gaan
Un mööt doch de Reise na Hof noch bestaan.
Dat Reinkes Leegheit warrt apenbar,
Waardöör he mi brachte in Schand' un Gefahr,
Un do ik beholen dä Lief un Leben
He leege Wör' mi upn Weg noch hett geben,
Dat Alles schall de König weeten
Waaran he kann sien Strafe meten.
He rückte, he krööp mit grote Plage
Un keem to Hof an den veerden Dage.

Dat elfte Capittel.

Do de König dat verneem,
Dat Bruun so to Hove keem,

Sä he: Heer Gott, gev us Gnade,
Is dat Bruun wol use Bade? —
Wa geit dat to, dat he kümmt so? —
Bruun den König antwoorde do:
Heer, ik klag' ju mien Ungemack,
Ik hebbe le'n veel Plick un Plack
Up mine Fahrt, so as ji seht,
Reinke schäntelk verraden mi däd.
De König sä, dat is to swiet
Reinke drifft et ook gar to wiet.
Ditt mööt ik bestrafen ahne Gnad',
Daaröwer güng he mit sik to Rath.
Dat Reinke schänden dürsst sülken Heer
As Bruun is; ja bi mine Ehr
Sweer ik, daarto bi mine Kron,
Daarvöör schall Reinke warren Lohn,
Wat Recht un Pflicht vun mi begehrt:
Ik dreeg ja nich umsünst dat Swerdt,
Un wat ik sweer, weet ik to holen.
Daarup geboot he Jungen un Olen,
De in den Rath des Königs hören
Sik to bespreken mit körte Wören,
Wa man bestrafte de Öwerdaat.
Do keem öwereen de sülwe Rath,
Un wenn et de König so hebben wull,
Dat man een Landdag uutschriben schull,
Un dat Reinke keem ook daar,
Wat na't Recht em tostünn nehme wahr,
Dat he sik verdäge gegen de Klage,
Un dat Hintze to em de Böskup drage.

De König köörde good den Rath,
Un Hintze möök sik daarna upt Padd.

Dat twölfte Capittel.

As de König mit sine Genoten,
Hintze to senden harr besloten,
Sä he to Hintze: Mark et di recht,
Wat eben düsse Heeren hebbt seggt.
Ga nu un kiek jo good to
Un segg an Reineke also:
Ik un de Heeren vun minen Rath,
Harr'n veel hört vun sien Öwerdaad,
Un leten em la'n sik to verdägen;
Dä he verachten et ditt Mal verwegen,
Schüll man em laden möten noch en Mal,
Sien Name schüll staan an den Schandpahl.
Un ook verdammt we'n sien Geslecht,
Wiel he, he magg ditt marken recht,
Quad dä an Bruun un annere Deeren.
Nu ga un segg em, wat sä'n düsse Heeren.
Hintze sä: Magg et mi nützen of schaden,
Ik güng leever nich hen Reinke to laden.
Schickt hen enen annern, dat is mien Rath,
De Spiet müch sünst ju kamen to laat',
Ik bün jo vun Person man kleen.
Bruun, de so groot is vun Ansehn,

De künn 'mal Reinke nich öwerwinnen,
Up wat vöörn Art schall ik et begünnen? —
De König sä: Daar liggt et nich an,
Man findet wol, dat mennig kleen Mann
Mehr Wiesheit hett un ook mehr List
As mennig grote, de sik brüst't.
Al sünn j' ook vun Person nich groot,
Sünn j' gelehrt, wies un hebbt Moth. —
Hinze spröök: Ju Wille magg geschehn.
Ik hope, dat sik een Teken lett sehn,
Un kümmt dat to'n Vöörschien to rechter Hand,
Schall t' Glück up mien Reise ook we'n vun Bestand. —
He güng un keem up enen Weg,
Een Martins=Vagel seet daar in en Häg'.
Hinze reep: Good Heil, mien Vagel!
Spreite uut dien' beiden Flögel
Un fleeg up mine rechte Siet.
De Vagel flöög un süng en Lied
Un sett sik baal daar up'n Boom
Tor linker Hand, et leet as Hohn.
Hier öwer würr he sehr bedrööft,
Dat Glück weer weg he seker glövt;
Doch dä he, wat noch mennig deit,
He leet den Vagel, güng weg un fleit.
So keem he nagrad to Malepertus,
Daar fünn he Reinke vöör sien Huus,
He böd em go'n Abend un sä°em fri:
De König schicket mi to di.
He will ju strafen an Good un Leben
Do' ji ju mit mi up'n Weg nich geben,

Un ga ji to Hove nich mit mi,
Dok heet he mi seggen noch daarbi,
He würr verdarven ju ganz Geschlecht,
Keem ji to Hof nich na Landagsrecht. —
Reinke sä: Willkamen Vedder!
Wat is dat vundage een mojet Wedder.
Gott gev ju Glück up allen Wegen
Un neem ju up in sinen Segen.
Reinke, de vun Leegheit sitt vull,
Öwerlegde wa he 'm anföhrn schull.
Un meende et nich uut Hartensgrund,
Wat to Hintze he spröök tor sülwen Stund.
He dachte Hintze ook to schänden,
Un dann to Hove em to senden.
He sä to em: Leev' Veddermann!
Seggt mi, waar'k mit deenen kann.
Ik gev ju geern wat Goods to eten,
Wat eet ji geern? lat't mi et weten.
De Abend kümmt, wi sett't us daal,
Un neemt to us en godet Mahl.
Mien Fru de kann us dat bereiden;
Dann ga wi mörgen mit us beiden
To Hove. Nu, laat ju nich nögen,
Mank all' mien Fründskup, de ik do' plegen
Hintze is Nüms, daar ik mi nu
Mehr to verlate, dann to ju. —
Bruun, de Freter, fohr hier sehr quad.
Dat keem, he gev mi falsken Rath,
Et düchte mi, he weer so stark,
Dat ik ook nich vöör dusend Mark

Den Weg to Hove mit em harr daan.
Mit ju, leev' Vedder! will it wol gaan,
Mörgen, wenn de Dag is kamen,
Besinnt ju daarup un segget: Amen. —
Hintze antwoorde un sä:
Laat us gaan man glieks, up Stä
Na Hove to, so mit us beiden
De Maan schient hell upn Weg döör de Heiden,
De Weg is good, de Lücht is klaar. —
Reinke spröök: Bi Nacht to reisen brengt Gefahr.
Mennig, de us bi Dag dä bemöten
Schull us mit Anstand wol fründelk begröten.
Keem he us awer bi Nacht entgegen,
He schull mit us ümgaan wol ganz verwegen. —
Hintze spröök: Reinke-Vedder, so lat't mi weten
Bliv' ik hier, wat schööl wi dann eten?
Reinke antwoorde daarup also:
Geringe Spise kümmt hier nato.
Ik will ju geben, nu ji willt bliven,
Gode frische Honigschiven,
Sööt un good un witt un klaar.
De eet ik nümmer, dat is wahr
Sä Hintze. Hei nix anners in Huus?
Hei nich ene recht fette Muus? —
Daar bün ik jümmer am Besten vun geten,
Vun den Honig neem ik ok nich een Beten.
Reinke antwoorde: Wa's't good, dat'k do' weten,
Dat Vedder so geerne Müse deit eten.
Is dat ju Ernst, so seggt et mi.
Een Pape wahnt hier dune bi,

De hett ene Schüne an sien Huus
Un daarin mennigeen fette Muus,
Man föhrde se all' nich upn Wagen.
Wa saken hör ik den Papen klagen,
Se dä'n em Schaden Dag un Nacht. —
Hintze sä do unbedacht:
Willt ji mi to Willen we'n,
Brengt mi na de Müse hen.
Een beter Wild, un dat so deit schmecken,
Wüsst ik noch nargens to entdecken. —
Is wahr dat, sä Reinke, up Globen un Tru?
Waar de Müse sünd, breng' hen ik ju,
Nu 't dat hebb' hört, ik nehm 't vöör wahr un wiss,
Dat et ehrelk ook ju Eernst is.
Ga wi hen, lat't us nich töben
Hintze folgte up rechten Glöben.
Des Papen Schüne stünn daar tor Hand,
Een Gatt was al in de Lehmenwand.
De Pape harr daar, de Nacht vunt Voren
Een vun sien besten Hahnen verloren
Döör Reinke, de dat Gatt harr braken,
Noch dä de fette Hahne em schmaken.
Des Papen Söhn, de Martinet,
Stillkens harr vöört Gatt de sett
Een Strick, daarin to fangen
Den Deef, dröög he groot Verlangen.
Reinke, de slaue, de markde dat
Un sä: Hintzvedder, kruup nu in ditt Gatt.
Ik höll hier buten dann de Wacht,
Dewiel ji musen. Wiel et is Nacht

Warrn ji daar Müſe in Hupen griepen,
Hör' j' nich, wa ſe vöör Weligheit piepen? —
Laat ſe ju ſmecken, bett ji ſünd ſatt,
Ik wachte ſo lang hier vöör dat Gatt.
Vun Abend will wi bliben toſamen,
Mörgen maak wi dann, dat to Hove wi kamen.
Meen j', ſä Hintze, up düſſe Fahrt
Weer ik ſeker un wol verwahrt? —
Dat ik hier inkröpe, is dat wol Rath? —
De Papen weten ook velet Quad. —
De loſe Wicht, Reineke, do ſä:
Dat ji ſo blöd' weern, dat wüßt ik nich, he!
Kaamt, lat't us wedder ümmekehren
To mien Wief, de us mit Ehren
Warrt empfangen un us ook geben
Gode Spiſe, daar wol wi bi leben,
Al ſünd et ook keene fetten Müſe.
Hintze ſchämte ſik un ſprung in Suſe
In de Schüne, up düſſe Wören
De he vun Reinke in Spott müßt hören.
So keem 't dat Hintze int Strick ſik leep feſte,
So gelüng et Reinke to ſchänden ſien Gäſte.

Dat dörteinſte Capittel.

As Hintze in dat Gatt was ſprüngen
Waar vöör dat Strick was flüngen,
Sweefde he in groot Gefahr.

Un as he dat ook würr gewahr
Seet he feste al daarin,
Em würr so övel daarbi to Sinn.
He strampelde, dat Strick leep to,
Begünnen to ropen dä he do
Wehmödig, mit en bedrööft Gesicht
Dat Reinke hörde daar buten de Vicht.
De freide sik un sprüng vöör dull.
Hinze mägt ji de Müse wol? —
Sünd se ook good un fett? —
Wüsst dat de Pape, of Martinet,
Dat ji sten Wild dä'n eten also,
Se brachten ju seker Semp daarto;
Tonvöörnkamen so is Martinet.
Singt man so to Hove, wenn man ett? —
As ji daar do't, so wull ik dat,
Dat Isegrim ook seet int Gatt,
In desülwe Wise as ji daar do't
So möcht em dat bekamen good,
He hett mi faken Leed andaan.
Mit düsse Wöre güng he dervan.
He güng nich bloot man uut to stehlen;
He drev ook Ehbröök un dä hehlen.
Rowen un Mören heel he vöör keene Sünne
Waar he künn dä he dat to jeder Stünne. —
Fru Giremund wull he söken do,
Daar dreven em twee Saken to.
He wull er eerstens en Beten uutfragen,
Wat Isegrim meest up em wull klagen;
Dann wull he verföhrn er tor Ehbrekerie,

So maakde he ole Sünnen nie.
Reinke dacht, he keem wol vun Pass,
Wiel he wüßt, dat Isegrim to Hove was. —
Waaruut twusken Wulf un Voß de Haat
Entsteit, dat is, dat use ole Maat,
De Reineke de lose Deef
Mitr Wulfin Buhlerie drev. —
Do Reinke vöör ere Wohnung keem
Un he se daarbinnen nich verneem,
Un bloot de Kinder fünn, sä he in Spott:
En goden Mörgen gev ju Gott,
Mine alletleevsten Steefkinder!
Dit wasn sien Wöre, nich mehr of minder.
Hiermit güng he weg up annern Gewinn.
As Fru Giremund sik stellde in,
Et was al Mörgen un begünn to dagen,
Sä se, was Nüms hier, de na mi dä fragen? —
De Kinder antwoorden: Ja!
Use Pade Reinke was da;
He sä: wi wasn sine Steefkinder all'
Wa vele user ook sünd hier an Tall. —
Daarup de Wulfin neem dat Woort:
Daarvöör schall em slaan de Moord!
Ditt wull se 'm indriven, waar se künn
Se folgde em tor sülwen Stünn.
Se wüßt waar he wol pleg to gaan,
Se drööp em bald un spröök em an:
Reineke, wat sünd dat vöör Wör'n,
De ik vun mine Kinder hörn,
De ji jüm sä'n ganz apenbar? —

Daarvöör krieg ji en sehr quad Jahr!
Se was sehr quad, wenn se was tornig
Un maakde em to en bister Gesich',
Se greep em furts in sinen Baart
Dat knacken dä em sine Swaart.
He leep un wull den Torn entwiken,
Se begünnde em driwens natostriken.
Nich wiet daarvun ene wöste Börg stünn,
Daar lepen se beide gaue henin.
Nu hört, wat daar vöörn Aventür
Passeer in ene terbraken Mür'.
De Mür' vun een Thorn, de daar stünn, harr en Gatt
Daarböör leep Reinke, bald fest he d'rin satt.
Giremund wasn groot stark Wief
Un harr en grotet dicket Lief.
Do se denn Kopp ook daarin stöök,
Trück se un schoof se, dat gröter et bröök.
Se wull em folgen, man daar warrt nix van,
Se künn wedder vöörwards noch torügge mehr gaan.
Do Reinke dat seeg, möök en Drei he krumm
Un leep na de anner Siet henum.
Un dacht, nu is et grade Tied,
Un däb er, wat ik to seggen mied'.
Se sä: asn Bedräger he dä,
Wat nich geschehn is, he antwor' gescheh'. —
De hett sien Ehre nich wol verwahrt,
De so sien Wief vöörn Anner spiart.
Also dä Reinke, de lose Deef,
Et was em liefveel, wat he bedrev.
Do se los keem uut dat Gatt

Was Reineke lang gaan sien Padd.
Se meen' to verdägen so ere Ehre
Un harr se verlaren un noch mehre.
Vun Reinke will wi nu stille we'n,
Un us dat Schicksal vun Hinze besehn.

Dat veerteinde Capittel.

Do Hinze int Strick sik feste leep
Up sine Wiese bedrööft he reep.
Ditt hör ook bald de Martinet,
De daar vöörheer dat Strick harr sett.
Ilig keem he uut sien Bett
Un reep: Gott Dank, dat is mal nett!
To rechter Tied mien Strick hett staan
Un drüggt mi nich inn Slaap de Wahn,
Hett sik d'rin fangen de Höhnerdeef,
Dat schull mi we'n vun Harten leef.
He kreeg en Licht un stöök dat an,
Betahlung to halen vöör den Hahn.
Int ganze Huus sleep noch dat Volk,
Wa ook Hinze miaude un wa he bolk.
He waakde up eerst Moder un Vader,
De slöög vun dat, wat passeert weer keen Adek;
Dann güng he to waken ook Knecht un Maid,
De weer'n kuum to vermünnern beid'.
Staat up! de Voß, de sitt int Strick.

Wi wüllt em empfangen na Recht un Schick.
Se kemen anspringen all', Kleen un Groot,
De Pape sülwen stünn up un kreeg Moth.
Un hüll sik lose in sien Slaaprock,
Des Papen Maid veel Lichter anstöök.
Een Kohlstrunk stünn daar an de Wand,
De neem Martinet in sine Hand,
Daarmit güng he in dat Gefecht,
De Prügel smöök den Kater slecht.
He slöög em upn Kopp, un up de Huud,
He slöög em sogar een Oge uut.
Bun alle kreeg he Släge veel.
De Pape harr en Forkenstehl,
Waarmit he Hintze fillen wull.
Do Hintze seeg, dat he starben schull
Würr he tornig, en Anloop he neem,
Den Papen he twusken de Beene keem.
He beet, he kleide mit grote Nied,
Un schände den Papen vöör alle Tied.
He beet em af dat drütte Part
Wat daar he breggt na sine Art. —
De Pape schreide luut un sehr,
De Maid, de schreide noch veelmehr
Un sä so gänzelk unbedacht,
As de Pape leeg inn grote Ahnmacht:
De Döwel weer hier wol int Spill,
Se swoor un huulde un beerde sik düll.
Se wull all' wat se harr, d'rum geben;
Wenn düsse Unfall se dä nich beleben.
Ja, harr ik en Schatt vun Gold, se swoor,

Densülwen ik geerne darum verlüür;
Wenn man nich schänd't was so mien Heer,
As se seeg, dat he verwund't was sehr.
Dok seeg se daar liggen an de Wand,
Wat he quiet warrn was to sine Schand. —
In des Döwels Namen, wer hett dat Strick daar sett?
Spröök se un sä ook to Martinet:
Süh, leewe Söhn, is dat nich Schade,
Daar liggt en Stück vun dien Vaders Wade;
Er Schade, was de Grötste, meende se.
Ünner düsse Klage un mit grotet Weh
Würr dragen de Pape wedder to Bett.
As Hintze seeg, dat 'n em vergeet,
Of wol he was in grote Noth,
Un vöör em stünn de bittre Dood,
Of ook so wund he was un terslagen,
Begünn he doch to bieten un nagen
Dat sülwe Strick, waar he leeg in,
Of he et nich lösen künn na sien Sinn.
Dat Strick bröök endelk in twee Stücken,
He was sehr blide, dat em dä lücken,
Un spröök in sik: Hier is et sehr quad,
Un länger to bliven is nich good Rath.
Ilig sprüng he uut dat Gatt
Un maakde sik wedder up dat Padd,
Dat na des Königs Hof hen leeg.
Ehr he daar keem, de Sünne upsteeg.
He spröök: Hett mi de Döwel düsse Nacht
To Reinke den bösen Lögner bracht.
Ik kaam to Hove sehr geschändet,

Dok hebbt se mi een Oge blendet.
In des Papen Huse hebbe ik kregen
An Tähne un Wangen vele Slägen. —
As de König dat hörde, wat se all' em harrn daan.
Füng in Torn un Nieb he to spreken an.
He draude Reinke ahne alle Gnad'
Un schickde Baden af na sinen Rath,
Na sine Wisen un besten Baron'
Un leet jüm fragen, wat't Best weer to doon?
Dat Reinke vöör all' de bösen Dinge
Nu endelk sinen Lohn empfinge.
As man nu de velen Klagen hör,
Neem Grimbaart dat Woort, de ook daar weer:
Was et wahr ook ji Heeren vun den Rath,
Harr daan mien Ohm ook all' dat Quad;
So is un blifft he en Eddelmann,
De man nich gliek inn Bann doon kann.
Dreemal schall la'n man em na't Recht,
En fri'n Mann is he un keen Knecht.
Kümmt he dann nich, so spreekt ju schüldig,
So lange awer wacht't gedüldig. —
De König spröök: Wer dürt et wagen,
Noch eenmal en Böskup to Reinke to dragen,
Wer hett een Oge to veel of een Lief,
Dat he de wage um den bösen Ketief? —
Wer hangt sien Gesundheit daarvöör in de Waage,
Nu twee al hebbt Reinke nich mitbracht to Dage? —
Nüms is hier, dat meen ik vöörwahr!
De daarvöör wagt sien Huud un Haar. —
Heer König, sä Grimbaart, begehr ji 't vun mi,

Ik breng em de Böskup et si wa et si
Apenbar as ju Bade of still,
Et ga mi daarna, wa 't ook will. —
De König spröök: So gaat mit Gott,
Ji kennt de Klagen un ook mien Gebott.
Neemt in Wiesheit juen Berath,
Reineke is los' un quad. —
Grimbaart sä: Ik kenne de Klage
Un hope to brengen em mit mi to Dage.
So güng he denn hen na Malpertus.
He fünn ook Reinke richtig to Huus
Bi Fru un Kinder as et sik hör.
Do sä he to em düsse Wör':
Minen Grööt ik ju beede, Reinke-Ohm
Ji sünd so gelehrt as wies' un fraam.
Mi wundert, dat ji holet vöör Spott
Un achtet nich des Königs Gebott.
Mi dücht et was nu wol 'mal Tied.
Wat öwer ju seggt ook Spott un Nied,
Ik raad ju, dat ji to Hove kamen,
Upschuven brengt ju nix as Blamen.
Wahr is 't, öwer ju gaat vele Klagen,
Tum drütten Mal müsst man ju dagen.
Kaam ji nu nich, ji warrt uutlacht.
De König warrt kamen mit all sien Macht
Un ju belagern in Malepertus,
Un ju vernichten mit Mann un Muus.
Den König köön ji nich entgaan,
Am Besten is 't, wenn ji upstaan,
Un mit mi hen to Hove gaat,

Ji wetet in allen Dingen jo Rath,
De uut de Noth ju helpen mag.
Ju is geschehn wolehr upn Dag
So groot Aventür, as ditt mag sien
Un kemen doch weg ahn' Schaden un Pien.
Ji hebbt et saken döör List bedreven,
Dat ju Fiende in Schanden sünd sitten bleven.

Dat söfteinde Capittel.

Do Grimbaart to Reinke ditt harr seggt,
Spröök Reinke: Ohm, ji hebbet Recht.
Et is dat Beste, dat ik kame daar
Un mines Rechtes neeme wahr.
Ik hope de König schall geben mi Gnad',
Ik bün em nützelk as Een vun sien Rath.
Dat weet he wol, da's wahr un wiß
Troß Nied un Haat vun De un Düss'.
De Hof kann ahne mi nich bestaan,
Un harr ik ook noch mehr mißdaan
Schall wol de König sien Torn breken
Un fründelk sik mit mi bespreken.
Krieg 't em ünner veer Ogen to sehn,
Schall mi ook seker keen Quad geschehn.
Hett ook de König noch mehr, de 'm rad't
Un em vöörquest Ditt un Dat;
So liket dat doch nargends na,

As dat et brengt em Noth un Scha.
De beste Rath kümmt jümmer vun mi,
In alle Saken, et si wa et si:
Inn Hove vun Königen vull vun Pracht,
Inn Huse vun Heeren vun minder Macht,
Mööt Reineke finden den richtigen Rath;
Wenn in Gefahr is Huus un Staat.
Wol is daar mennigeen, de mi dat günnt,
Mi ehrt, waar he mi süht un sind't;
Doch mennig, den ik vöörheer dä raden,
Verswöör sik mi darvöör to schaden.
De Argste daarvun to Hof wol schall sien,
Ditt liggt asn Steen upt Harte mien.
Teine sünd et, wenn ik se bo' tellen,
Veel mächtiger sünd se, wenn alle sik stellen.
Ditt deit mi noch am Meesten verfähren;
Doch beter noch is 't, dat ik mit Ehren
Mit ju mi up to Hof do' maken
Um sülwen to spreken vöör mine Saken,
As dat ik in Angst un groot Verdreet.
Wief un Kinder kamen leet.
Ik was mit jüm alle verlaren gewiß,
Wiel mi de König to mächtig is;
Ik müßt alles doon, so as he wull,
Wenn he 'mal hier kamen schull.
Beter is 't, wenn 'k mi recht do' besinnen
To rechter Tied mit em af sik to sinnen.

Dat sössteinde Capittel.

Reineke sprök: Fru Ermelien,
Ik befehle ju de Kinder mien,
Dat ji daar wol up achtet nu.
Baben alle Dingen befehle ik ju
Mien jüngstet Söhnken Reinardien.
De Schnurrbaart klebb em würfelk sien,
De um sien Mülken steit öwerall.
Ik hop', dat na mi he slachten schall.
Rossel, ook de hier, so mooi as döördreben,
Den hebb' ik so leef as mien eegen Leben.
Do't good an de Kinder, tosamen an alle,
Willt ji mi w'en nu to Gefalle.
Ik denk' et ju wedder mag ik entgaan. —
Mit düsse Wör' neem he Affscheed derwan
Un leet Fru Ermelien bliben to Huus
Mit sien twee Söhns, to Malepertus.
Beraden dä he sien Huus also,
Fru Ermelien bedrööft seet to. —
As se ene kleene Stünne wasn gaan,
Sä Reinke un blev en Beten staan:
Grimbaart=Ohm, beste Beddermann!
Vöör Angst un Sörgen ik gaan nich mehr kann.
Mien Fründ ik ga un in den Dood,
Dat Angstsweet breckt mi uut vöör Noth.
Bereuen do' ik deep mine Sünne,
Un will se ju bichten to düsser Stünne.

Sünn ji ook keen Pape, et brengt mi keen Schade,
Leeve Ohm, ji sünd jo des Königs Bade. —
Grimbaart spröök: Ji mötet beloven,
Dat ji nümmermehr willt stehlen noch rowen,
Hehlen un wat ji sünst dä't bedriven,
Süß latet man de Bichte bliven. —
Dat weet ik wol, sä Reinke do,
Lat't mi begünnen un höret mi to:
Confiteor tibi pater et mater,
Dat ik an den Otter un an den Kater,
An mennigeen hebbe mißdaan,
Daavöör will'k geern hier Bröke staan.
De Greving sä: Ik versta ju nich,
Spreket up dütsch vöör mi ju Bich'
Daarmit ik ju kann recht verstaan. —
Reinke spröök: Ik hebbe mißdaan
Gegen alle Deeren, de daar leben,
Un bidde ju, mi 't hier to vergeben.
Ik was et, de den Bär, minen Ohm,
Gefangen maakde in den Boom.
Waar he Släge kreeg up Jack un Hood,
Dat he man eben entgüng sinen Dood. —
Hintze lehrde ik Müse fangen,
Dat he daarbi int Strick blev hangen.
Se slögen ook em mit alle Fliet,
Dat he daarbi een Oge rook quiet
Döör mine Schüld, et si wa 't si. —
Mit Recht klagt de Hahne öwer mi.
Ik hebbe em namen sine Kinder,
De groten sowol as de noch wasn minder,

4

Is was et, de em bröchte daarum,
Mit Recht neem he den Voß dat krumm.

Dat sebenteinde Capittel.

De König is mi nich entgaan,
Ik heff em faken Schann' andaan.
De Königin nich to vergeten,
De heff ik schonet nich en Beten.
Beide fünd se schänd't döör mi,
Un daarto heff ik, dat segg ik bi,
Isegrim, den Wulf, mit Fliet
Schänd't waar'k künn, to jeder Tied.
Mien Ohm is he nich, ik heet em man so,
Un weet sülm nich, waarum ik 't do'. —
Ins passeer 't, heer is 't wol söss Jahr,
Do keem he to mi in Elemar,
So heet dat Kloster, waar do ik in was,
Um sik to lösen densülwen Paß.
He bed mi, dat ik em helpen schull,
Wiel Mönk ook geern he warrn wull.
He meen, dat et em good anstünn
Mit de Klocken to lüden un he begünn.
Dat Lüden klüng sien Ohren so söte,
Ik leet em binden beide Föte
An't Klocktau feste na sien Willen,
Do künn he recht sien Lüsten stillen.

Un't Lüden lehren, so as't sik hör;
Man ditt bröcht in em wenig Ehr':
He lübde so sehr un utermaten,
Dat dat Volk tohope leep upr Straten.
Se meenden, de Döwel weer to Gange
Un möken sik ünner eenander bange.
Se lepen hen, waar dat Lüden se hörden
Un ehr he künn in körte Worden
Seggen: Ik hör' hier to Huus,
Harrn se 'm slaan bald in Beten un Gruus.
He bed mi, ik schull em helpen to Ehren
Un laten em ene Platte scheeren.
Ik leet em do in Elemar
Afbrennen vun sien Kopp dat Haar
So sehr, dat em de Swaarte krümp,
Faken kreeg he 't vun mi so plümp.
Ik lehrde em fisken upn Dag,
Waarbi he kreeg ook mennigen Slag. —
Ins föhrde ik em int Jülicher Land
Int Huus vun en Papen, sehr wolbekannt,
As de, was daar keen Pape riker,
De harr ook enen langen Spiker
Daar mennig Specksiede inne leeg.
Ook daar entfüng he düchtige Släg'.
Daarto was in den Spiker noch
Frisk Fleesk insolten in en Trog.
Isegrim bröök döör de Wand en Gatt
Um in dat Fleesk sik to eten satt.
Ik sä em, he schull krupen daarin,
Ik wull em schänden, dat was mien Sinn.

He eet so veel baben alle Maat,
Dat he nich künn mehr döör dat Gatt,
So dick was em sien Buuk upgaan.
Daar stünn he un füng to jammern an. —
If güng döör't Dörp nu Huus bi Huus
Specktakeln dä 'k, 't was nich vöör de Puus,
Daarmit he kreeg sien rechtet Lohn.
De Pape seet jüst un eet en Hohn
As baar ik keem, ene fette Kapune,
Un tafelde in bester Lune.
So lecker leet et un bra'n was't kross,
If sprüng daar up to un güng daarmit los.
De Pape leep in Wuth mi na
Un süh: sieh-ditt, sieh-dat, sieh-da,
Slöög um de Disk, dat Drank un Spiese
Anne Eere leeg up düsse Wiese.
He reep un slöög, greep na't Besteck,
Daar leeg de Pape mit Alls inn Dreck.
All' de baar kemen, de repen: Sla!
If leep vöörup un se mi na.
Dat Volk würr jümmer mehr an Tall,
Se wullen mi geern ant Fell, se all'.
De Pape sä: So'n slauen Deef
Gifft et wol nich, de ooit dat bedreef.
He neem dat Hohn, waarvun ik eet
Vunn Diske mi, baarbi ik seet. —
If leep so lange bett vöör ben Spiker,
Waar Isegrim was de arme Sliker.
Dat braben Hohn leet ik fallen jüst daar,
Denn:el et mi was warrn to swaar.

Ik müßt et ahne Nuyen laten
Un güng, waar't herkamn, mine Straten.
Et was ook Tied, dat ik weg keem.
Un as de Pape dat Hobn upneem.
Würr Isegrimm he ook gewahr.
Un alle de to em kemen daar.
Do reep he luut: Nu Frünne, slaat!
Hier is'n Wulf, nich minder quad.
Laat wi 'm lopen, dat brengt us Schande
Dewerall inn heelen Jülicher Lande. —
Isegrim wüßt nich, wat he begünnde,
He kreeg ook daar weg mennige Wunde.
Se maakden een so groot Geluut,
Dat alle Buren kemen na buut,
Se slögen 'em, dat he leeg vöör doot,
Nümmer was he so in Noth. —
Wenn ditt würr malet upn Schild,
Dat schull noch we'n een selsen Bild! —
Endelk sleepden se 'm uppe Straten
Döör Dick un Dünn müßt he trecken sik laten;
Dann smeten se 'm inn unreine Kuhle,
He stünk inn Wind up ener Mile.
Dewer all de Släge, de he kreeg,
Harr he bedaan sik, daar he leeg.
Se meenden Alle, he weer doot
Döör all de Släge, uut Angst un Noth.
He leeg awerst bloot inn deepe Ahnmacht
Un leeg daarin de ganze Nacht,
Bedrööft as een recht armet Wicht.
Wa he weg kamn is, dat weet ik nich,

Dok weet ik wider nich Bescheed.
Daarna swöör he mi en Eed,
Een Jahr döör wull he hold mi we'n
Man daar is nix nich vun geschehn.
Waarum he mi swöör, et was wol dat:
Ik schull em vun Höhner maken satt.
Updat ik em recht müch belimen
Spröök ik vun een Höhnerwimen.
Daar seben Höhner uppe seten
Un een Hahn, en fettet Beten.
Do'k daar em hen harr bracht,
Was't ene Stünne na Middernacht.
Een Finster stünn daar uppe Glupe,
Ik möök em vöör as of ik krüpe
In dat Finster un hendöör,
Man Isegrim schull krüpen vöör.
Ik spröök: Nu krüpet man driest daarin,
De hebben will ichts een Gewinn,
De möt daar ook jo wat um doon;
Ji kriget anners keen fettet Hohn. —
He krööp henin, bang vöör Gefahr,
Un as he güng tasten hier un daar
Do swöör he hoch bi siner Ehr':
Wi sünd verraden, dat fürcht' ik sehr,
Ik find' vun Höhner keene Spoor.
Ik spröök: Se seten hier tovoor,
Ik heff se daar al wege namen,
Man will wi schaffen, wat us schall framen;
Dann möt wi ahne verdreetelken Sinn
Noch en Beten deeper krüpen henin. —

De Balke was small un baben de Döör,
Daar wi up kröpen, man he was vöör.
Dewiel he sochte na de Höhner er Stä
Seeg to ik, wa 'k em anföhren dä.
Ik krööp torügge un weder henuut,
Tosallen dä't Finster mitn helsk Geluut
As de Stütte daar ünner los if harr braken.
Isegrimm sohr en Schreck döör de Knaken,
Dat he dä en sware Fall
Bunn Balken, 't gev en groot Geschall.
Versährt waakden up, de bi'n Füre daar slepen
Un kemen to Beene un güngen un repen,
Dat döör dat hoge Finstergatt
Fallen was, se wüßten, nich wat.
Un as se anbrennt harrn en Licht
Do segen se usen armen Wicht,
Un slogn em, bett he leeg vöör doot,
Ik heff em bröcht in mennige Noth.
In mehr as'k weet un nu kann nömen.
Mi wundert noch, dat he entkamen.
Noch heff daarto ik ook dat bedreben,
Ik wull man dat et was nableben,
Mit sien Wief, Fru Giremund,
Daar ere Unehre uut entstund,
De langsam se schall öwerwinnen.
Süh, ditt is't, dat vun all' mine Sünnen,
De ik bett up düsse Tied kann bedenken,
Mine Seele am Meisten deit kränken.
To absolveeren mi bidd' ik ju sehr,
Dat ditt mine Seele nich drücket mehr.

Settet mi, wat ju dünket good;
Wenn et man lindert mine Noth. —
Grimbaart was ook listig un klook,
Ann Weg he en Twieg do brook
Un sä: Ohm, slaat ju daarmit nu dree Släge;
Dann settet den Twieg hier midden upn Wege
Un springet daar dreemal öwer heer
Sünner strümpeln, öwer dweer;
Dann küßt den Twieg ook, sünner Nied,
As Teken, dat ji gehorsam siet.
Düsse Pönitensje schall ju geben,
Trotz all' ju Sünnen, een ewiget Leben.
Ik heff se daardöör vergeben ju all',
Is noch so groot ook dat Getall. —
Reineke dä bitt ahne Verdreet.
Do sprook Grimbaart: Ohm, nu seht,
Dat ji ju betert in gode Warken,
Ju Psalm leset un gaat nar Karken,
De Fasten holet to rechter Tied,
De hillgen Dage fiert mit Fliet,
De Kranken tröstet an alle Dagen,
Torecht wist de na'n Wege fragen,
Geerne do't den Armen geben,
Versweren do't ju böset Leben:
As Rowen, Stehlen un Verraden;
So kaamt ahn Twiefel ji to Gnaden. —
Reineke sä: Ik will mit Fliet
Ditt willig doon to jeder Tied.

Dat achteinde Capittel.

Do Reinke so sine Buße harr daan,
So as't hier vöör deit schreben staan,
Möken se weer sik uppe Fahrt,
He un sien Bichtvader, Grimmebaart.
Se kemen upn slichtet Sand.
Daar leeg en Kloster to rechter Hand,
Dat hörde geestelken Nunnen to,
De Gott dr'in deenden laat' un fröh.
Se harrn vele Hahnen un mennig Hohn,
Vele Göse un mennig enen Kapuun,
De faken buten de Müre weeren.
Daar plegde jo Reinke to visiteeren,
Daarüm spröök he ook also:
Recht up düsset Kloster to
Liggt de Strate, de wi mööt gaan,
Sien Sinn dä na de Höhner em staan.
He seeg se daar lopen buten de Schüre,
Föddsel to söken dicht bi de Müre.
Sien Bichtvader trück he daarna to
Un as he dicht bi de Höhner weer, do
Begünnen siene Ogen ümtogaan.
Am Wietsten vun de Schüre güng en Hahn,
De sett was, groot un jung,
Up den möök Reinke enen Sprung,
So, dat em de Feddern stoben.
Grimbaart swöör bi sinen Globen:

Unseel'ge Ohm, wat willt ji doon?
Willt ji wedder um so'n Hohn
In alle de groten Sünnen gaan,
Daar ji eben eerst hebbt Bichte vöör staan; —
Dat magg wol selsene Reue we'n! —
Reinke spröök as wenn he't so meen:
Ik dä't in Gedanken, leeve Vedder!
Gott magg mi't vergeben, ik do't ook nich wedder,
Ik will mi vun ju geern leiden laten;
Do möken se kehrt na de rechte Straten.
De Weg föhr öwern smalle Brügge,
Wa faken seeg Reinke öwer de Rügge
Hen wedder, daar de Höhner güngen,
He künn sien Lüsten kuum bedwingen.
Harr man sien Kopp em afslaan of tagen,
Seker was de na de Höhner hen flagen.
Grimbaart seeg wol ditt Gelaat,
He sä: O, Reinke, unreine Maat,
Wa laat ji ju Ogen ümmegaan! —
Reinke sä: Ohm, 't is mißdaan,
Dat ji mit düsse vööriligen Wören
Mi in mien Gebett dä't stören.
Lat't mi doch lesen een Pater noster
Vöör de Seelen der Höhner vunt Kloster
Un ook vöör de Göse, un allen to Gnaden,
Waarvun ik ganz vele hebbe verraden,
De ik düsse hillgen Nunnen
Döör mine List heff afgewunnen.
Grimbaart sweeg, man de Voß, Reinart
Harr jümmer den Gang vun de Höhner wahrt,

Bett se weer kemen uppe rechte Straten,
De se tovöör harrn liggen laten. —
Nagrade würr Reinke sehr bedrööft,
Mehr als mennig Gerechte wol glövt,
As he seeg den Hof un des Königs Pallas
Waar he so faken verklagt warrn was.

Dat negenteinde Capittel.

As in den Hof man 't harr vernamen
Dat Reinke endelk was ankamen,
Begehrden Alle, Groot un Kleen,
De ook daar wasn, em to sehn.
Daar wasn nich vele upn Landdage,
De nich öwer Reinke föhrden Klage.
Dat düchte em awer wenig weerth,
He dä as was daar nix passeert.
Mit sien Ohm, den Greving güng,
Driest un mit besünnern Swüng,
Döör de eerste Straten he,
As of he nix befürchten dä,
Un of he was vun den König en Söhn,
So güng un drei he, dat leet mal schön!
As of he Nüms wat to Leed harr daan,
So güng vöör Nobel, den König, he staan,
Mank all' de Heeren in den Pallas
Un dä as of he unschuldig was. —

Eddeler König, gnädige Heer!
Döör ju Eddelheit un döör ju Ehr',
Ik bidde, dat ji mi hören mögt recht,
Keen Heer, harr noch so'n true Knecht
As ik ju forstelken Gnaden bün,
Of wol, dat hier so vele sünn,
De mi ju Fründskup meenen to rowen
Mit Lögen, wenn ji jüm wullen gloven.
Man ju Ordeel is wis, toeerst un tolest,
Ji glövt nich so drade, dat is dat Best',
Wat düsse Falsken ju dä'n vöörlesen
Bun Lögen un Dreegen in mien Afwesen.
Se haten, dat ik ju Bestet meene
Un ju alltied trulik deene. —
Swiget sä de König, latet af
Ju Snacken helpt ju so veel as Kaff,
Ju Undaab warrt ju nu vergolden
So as ji hebbt den Freden holden,
Den ik gebot un hebbe besworen.
Hier steit de Hahne, de hett verloren
Sien Geschlecht, o, falske, untrue Deef.
Dat ji veelmal seggt, ji hebbt mi leef,
Daarmit willt ji noch lastern mi,
An miene Lüden is et to sehn, un wie! —
Hinze verlöör sine Gesundheit, de arme Mann!
Un Bruun is noch wund an Kopp un Hann'.
Ik will nich veel mehr mit ju schellen,
Mit juen Hals schööl ji't entgellen!
Hier sünd vele Klagers, schienbar is de Daad,
Ji dä't an Alle minn of mehr quad. —

Gnädige Heer, sä Reinke, kann ik denn vöör Datte,
Dat Bruun noch blödd sine kahle Platte?
Waarüm was he so vermeten,
Bun Rüsteviel sien Honig to eten?
Harr recht he daan, he harr't nich leden,
Dat de Buren em so Quad anbäden.
He is jo so stark vun Knaken;
Man dat Ding hett wol en Haken,
Süß was he wol nich gaan int Water. —
So ook is et mit Hinße, den Kater,
Den ik harbargde un wol empfüng,
Un do he uut to Stehlen güng
Na't Huus vun den Papen ahne mien Rath,
De Pape em kreeg un dä em Quad,
Schall ik et büßen un entgellen,
Un mi willt ji daarüm uutschellen?
Dat weer tonah' ju forstelke Kroon!
Doch wat ji willt, dat mög ji doon
Un alsüß geberden öwer mi,
Wa good un klaar miene Sake ok si:
Ji mögt mi ehren, ji mögt mi schaden,
Ji mögt mi kaken, ji mögt mi braden;
Ji mögt mi hangen, koppen of blenden,
So bün 'k doch in juer Gnaden Händen.
Wi sünd jo Alle in juen Dwang,
Stark sünn ji un ik bün krank,
Mien Hülpe is kleen, de Jue is groot,
Vöörwahr al slöögt ji mi ook doot,
Dat schull ju wenig vun Nußen we'n,
Dewiel ik in düsse Sake as Een

Rechtfardig un uprichtig bün.
Do spröök Rambuck, de heet Bellin:
Nu is't Tied, wenn wi willt klagen.
Isegrim keem mit sien Frünne anjagen,
Hintze, de Kater un Bruun, de Bär,
Bun alle Deeren ene grote Schaar.
Lampe, de Hase un de Esel Boldewien,
Wackerlos, de kleene, ook de grote Hund, Rien,
Metje, de Sege un Hermen, de Buck,
Eckerkes, Wiselkes, Hermelkes wasn daar ook.
De Osse, dat Peerd, de wasn vok daar,
Bun wille Deeren ene grote Schaar.
De Hirsch, dat Reh un Bokert, de Biber,
Kanienken, Marten, un ook de wille Eber,
Bartold, de Abär, un Marquart, de Häger,
Ook Lütke, de Kraan, was ook daar wol däger.
Tibbke de Aant un Albeit, de Goos,
Düsse klaagden alle öwer den Voß.
Henning, de Hahn, un all' sine Kinder
Klaagden wol sehr daar eren Hinder.
Noch wasn daar vun Vagels mehr
Un andere Deere een grotet Heer.
De 'k nu Alle nich kann nömen,
Se Alle däden den Voß verdömen,
Un dachten daarup mit alle Fliet,
Wa se am Besten em schafften uppe Siet.
Se güngen vöör den König all',
Daar hörde man Klage ahne Tall.

Dat twintigste Capittel.

Alsüß warrt daar en groot Parl'ment.
De Deere, de daar stünnen vun End' to Wend,
Se Alle wull'm an Kopp un Kragen,
Se Alle harrn öwer em veel to klagen,
Man idereen gev he daarup Antwoort.
Nümmer harr so vele Klagen man hört
As an den Dag man hören dä
Oewer Noth un Angst un grotet Weh,
Vun Vagels un vun wille Deeren.
As Reinke awer dat Woort dä begehren,
Harr ooit man hört ene moje Rede
So was dat Eene, de he daar däde.
Unschuldig was he in alle Dingen,
De man bröcht harr un noch mücht bringen,
Dat alle de Heeren dat Wunder däde,
Dat Reinke wüßt sone moje Rede;
Dat to trecken he wüßt sik uut alle de Saken
Man mücht se wennen un dreien noch so faken.
Tolest, dat ik körte düsse Wör'
Kemen noch eenige Tügen vöör.
Tat weern Mannslü, uprichtig un wahr,
Se tüügden öwer Reinke hell und klaar,
Dat schuldig he was alle Mißedaan;
Do güng de König sik to bera'n.
Beslaten würr vun den Rath in Eenmood:
Reinke, de Voß, is schüldig den Dood,

Man schall em hangen daar ann Pahl.
Do güngen se griepen em alltomal.
Sien kloken Wöre hülpen nich veel.
Verlaren harr he't Spill hier heel.
De König dat Ordeel sülm aslees,
As Reinke dat hörde, kreeg he'n Bläs.

Dat een un twintigste Capittel.

As Reinkes Frünne dat harren vernamen,
De mit em wasn to Hove kamen.
As Marten, de Ape, dat ook was de Rechte
Un Grimbaart mit vele uut Reinkes Geschlechte,
Do würr'n se Alle sehr bedrööst,
Mehr, denn mennigeen wol glövt;
Daarum, wiel Reinke was en Bannheer
Un würr doch wesn vun alle Ehr',
Daárto in so en schäntelken Dood.
To nah' was jüm düsset Geboot.
Se nehmen vun den König Verlöff
Un güngen bedrööst un rüümden den Hof. —
De König meen, et was wol good,
Wenn he bedenken dä, wat Noth.
Al was ook Reinke noch so quad,
Sä he to een Mann uut sin'n Rath,
In sien Geschecht is mennig Mann,
De ik un de Hof entbehren nich kann. —

Isegrim, Hinze un Bruun de Bär,
De nehmen't intwusken mit Reincke wahr,
Se harrn em liggen daar an en Strick,
Bünnen harrn se Föt' em, Kopp un Genick.
De König harr jüm befahlen wol dat,
Se dä'n't awer geern uut Nied un Haat.
Do se bi'n Galgen ankamen waśn,
Sä Hinze ton Wulf: He schull good uppassen,
An Reinke we'er doon, den quaden Deef,
Datsülwe, wat he ook bedrev,
As man sien beide Brörs uphüng,
Domals ook Reineke mitgüng.
He höhnde ju un was so froh,
Nu do't em, wat he ju daan hett do. —
Ook Bruun magg d'ran denken, wa he em verröd.
Bi Rüsteviels Huus, dat mennigeen weet.
Waar he Släge kreeg vun Mann un Wief,
Dat de Kopp em blörr un ook dat Lief.
Passt up,..passt up! sien List is groot,
Un kümmt he weg uut düsse Noth;
Dann schall he us noch drillen mehr,
Drum lat't us maken, dat Tau man heer! —
Isegrim sä, wat helpt hier veel snacken,
Lat't us man leever gaue anpacken.
Harr w' man noch en beter Enn' Line,
Drade wull'k em körten de Pine. —
Reinke harr bett hier to swegen,
To dat wat se öwer em spröken verwegen,
Endelk begünn he to spreken un sä:
Mi wundert, dat ji nich kaamt uut de Stä.

Hinße Rath ook hier wol weet,
Un'n Line, daar he ins in seet,
De kann he halen vunt Papenhuus,
Waar he ins eet de fettste Muus. —
Isegrim, Bruun, wat hei en Noth,
Dat ji juen Ohm brengt in den Dood;
Lat't ju man daarto de Tied:
„Reue kümmt faken na Haat un Nied." —
De König un de Königin
Un all de Heeren mehr un minn,
Se folgden alle, riek un arm,
Un summden asn Immenswarm.
Vun Reinke wullen se sehn dat Ende.
Isegrim befohl all', de he kennde,
Dat se uppassen däen goob,
Dat Reinke nich wegkeem uut de Noth.
So gev he ook Befehl sien Wief
Un sä: Is leef di Kopp un Lief,
Help holen faste jo den Voß,
Ik segg' di, kümmt he nu weer los,
He schändet us mit alle Flict,
Arger noch as ins tor Tied.
Bruun, den Bär, spröök he ook an:
Gedenkt, wat Schande he ju hett daan.
Ditt will wi em nu all betahlen.
Hinße schall de Lien' uphalen,
He is behänder un lichter as wi,
Hollt em, un staat mi Alle bi.
Ik will torechte setten de Ledder,
Wi betahlt em nu sine Bösheit wedder. —

Bruun sä: So settet de Ledder wisse an,
Ik will em holen a'n Mann.
Reinke spröök: Ju Sörge is groot,
Dat juen Ohm ji brengt inn Dood,
De ji verdägen schüllt alltomal,
Dat he liden bruuk nich sück ene Qual,
Un nich keme so to Schaden,
Dürsst ik, bed ik ju um Gnaden;
Isegrim hatet mi baben all,
He bed sien Wief, dat se holen mi schall,
Dä se bedenken mine gode Daad,
Nümmermehr künn se doon mi quad;
Doch ditt mööt öwer mi nu gaan,
Ik wull man, dat et eerst weer daan.
Mien Vader stürf ook in Sörgen groot,
Man do he leeg so up'n Dood,
Do was et korte mit em daan.
Em folgde ook nich so mennigeen Mann.
Schande mööt ju wedderfahren,
Do ji mien Leben noch länger sparen. —
Bruun sä: Hört ins, he flöckt us noch All',
Een Ende sien Leegspreken nehmen schall.

Dat twee un twintigste Capittel.

Reinete sien Angst was groot,
He dacht, wa kaam'k uut düsse Noth? —
Wüsst ik man en Fund to sinnen,
De 'k jüm künn vöör wahr upbinnen.
Dat mi de König leet dat Leben
Un düsse Dree in Schanden bleben.
Still in sik spröök he do also:
Ik mööt ins vigeleern, jo, jo!
Dewer Alles, wat ik bruken kann,
De Noth drifft mi jo daarto an.
Al is de König mi ook gramm,
Un mennigeen, de mit em kamm,
Heff ik ook Alles wol verdeent,
So is dat doch nich so gemeent:
Is ook de König stark, sien Rath ook wies',
Ik föhr jüm doch noch upt Glatties;
Kaam ik to Wöre, un dat do'k hopen,
Dann will ik vundag' den Dood noch entlopen.
Sien Angst was awer dennoch groot,
He sä: Ik seh' vöör mi den Dood,
Den ik nu nich mehr kann entgaan.
Ji Alle hört, de hier nu staan,
Mi an; ik heff ene kleene Bede
Noch upn Harten, ehr ik scheede.
Biddet vöör mi den König nu,
Dat ik noch spreken do' vöör ju,

Mine Bicht mit alle Fliet,
Dat de König mi daarto günne de Tied,
Updat ik de Wahrheit möge vermelden,
Süß künn et gebörn, et müsste entgelden
Unschüldig mien Undaad, wer et ook fi,
Een Ander vun ju un liden vöör mi.
Gott, de alle Ding' recht will lohnen,
Schall mine Seele daarvöör wol schonen. —
Dat grötste Gedeelte, de ditt hören dä,
Würr bewogen vun düsse Wöre un sä:
Wahr is et, ditt is ene kleene Bede,
Un beden den König, dat he et bäde.
Do gev de König Verlöff daarto.
Reinke würr wedder een Beten froh.
He dacht, et möcht wol noch good uutfallen,
Un neem dat Woort und spröök to jüm Allen:
Nu help mi spiritus domini!
Jüm Alle, de hier staat bi mi,
De heff ik veel entgegen daan.
Do ik noch was en kleen Kumpan,
Do al, as 'k nich mehr soog de Brüsten,
Do güng ik faken na mine Lüsten
Manken de jungen Lammer un Zegen,
Wenn se güngen buten de Wegen.
Er Bleken un Meckern hörde ik geern
Un begünn tor Tied Leckerie to lehrn.
As Een daarvun ik harr beten doot,
Smöök mi so sööt dat warme Bloot.
Daarna beet doot ik veer junge Zegen,
Ik bä't, waar'k künn, up all mien Wegen.

So würr ik drister vun Dag to Dag,
Keen Vagel was seker, waar ik em sagg.
Dok Höhner un Aanten nich to vergeten
Un Göse, dat wasn mine Leckerbeten.
Waar ik se fünn, daar neem ik se wahr,
Un heff verwahrt mi menniget Paar,
Wenn ik se all' nich eten künn,
De ik bi Wege langs wol fünn. —
Winter was et un an den Rhien,
Daar keem ik ins bi Isegrim.
He schuulde, 't was kold, daar ünnern Boom,
Un sä to mi, he was mien Ohm.
Do ik vun de Fründskup em hörde vertellen,
Würrn daarbi wi twee like Gesellen,
Dat mi nu mit Recht deit Leed,
Wiel wi besweren dä'n mit en Eed
Goode Sellskup de Eene den Andern,
Un begünnden also tosamen to wandern.
He stahl dat Grote un ik dat Kleene,
Wat wi kregen schüll us hörn gemeene.
He deelde awer as he wull
Un nümmer so as 't wesen schull.
Nümmer kreeg ik mien Deel recht half,
Wiel Isegrim, harr he en Kalf,
Ene Zege, en Widder, of ook en Ramm,
So stellde he sik as was he mi gramm,
Updat he so mi vun sik drev
Un em mien Deel alleen verblev.
Noch was ditt dat Minnste vun all';
Man wenn wi harrn ins dat Gefall,

Dat wi harrn füngen en Oß of en Koh,
Dann keem sien Wief ook noch daarto
Un mit er ere seben Kinder;
Dann künn ik gaan un klagen mien Hinder.
Den minnesten Ribben kreeg naue ik dann,
Wenn se dat Fleesk harrn freten daarvan.
Doch, Gott si Dank! ik led keene Noth,
Ik heff jo noch en Schatt so groot,
An Gold un Sülwer, dat een Wagen
In seben Mal dat mich kann dragen,
Um et na'n anner Stä to föhren.
De König begünn hierna to hören,
Un sä: Wa keem ji bi den Schatt? —
Reinke spröök: Wat hülp' mi dat,
Wenn ik et dä verswigen ju,
He blifft hier, ik ga tor Ruh.
Et schall ju länger nich bliven verhalen,
Ik segg et ju, de Schatt was stahlen.
Man schüll ju moren, so was et bestellt,
Künn man nich anders krigen dat Geld.
Gnädige Heer, seggt, mark ji wat?
Ditt dä de vermaledeide Schatt!
Mien Vader stahl em to ewigen Schaden,
Doch was ditt nütte juer Gnaden.

Dat dree un twintigste Capittel.

De Königin verfährde sik sehr
As se vun düssen More hör
Un spröök: Ik verman' ju, Reinart,
Up ju leste Lebensfahrt,
Bi ju Seele, dat ji seggt
De Wahrheit süver, klaar un recht,
Wa et is um düssen Moord.
De König geboot do also foort,
Dat Idereen dä still nu swigen
Un Reineke dä nedderstigen;
Düsse Sake geit mi sülm an,
Dat ik se beter kann verstaan. —
Do kreeg Reinke wedder Moth,
Oewer all sien Angst un Noth.
Se müssten em do also wedder
Afstigen laten vun be Ledder.
De König güng mit em alleen
Un be Königin. Se fragten em
Wa et weer um düsse Saken,
Do müsste Reinke leegen saken.
He dacht, dat brengt mi groot Gewinn:
De Huld vun ben König, der Königin.
Un daarto kann et mi gelingen,
De alle int Verdarf to bringen,
De nu verlangt na minen Dood,
Un ik kaam weg ut all' mien Noth.
Dat kann ik reken as grote Bate
Mööt ik ook leegen baben alle Mate.

Dat veer un twintigste Capittel.

De Königin spröök toeerst em an:
Reineke lat't us recht verstaan,
Bun düsse Sake de Wahrheit nu,
Updat ju Seele krige Ruh'. —
Reinke sä: Hört mien Berich,
Ik mööt nu starben, da's anners nich,
Schüll ik miene Seele nu noch beladen,
Dat daarvöör ewig se keem to Schaden,
Un ewig se dat müsste entgelden? —
Beter wol is et, dat nu ik do' melden
De Sake, of ook de leevsten Frünne mien
Daardöör kaamt in Angst un Pien.
Ik fürchte de Pien der Helle, de is groot,
Daarum ik et nu wol seggen moot. —
Den König würr dat Harte swaar,
Reineke sä he, seggst du ook wahr? —
Reineke spröök: Ja, ebbeler Heer!
Wahr is et, al bün ik süß sündig ook sehr.
Wa schull mi dat to Bate kamen,
Dat ik mi sülm wull verdomen? —
Ji seht wol, wa et mit mi is,
Starben mööt ik, da's wahr un wiß.
Schüll ik denn nu nich spreken de Wahrheit,
Nu de Dood mi vöör de Ogen steit? —
Mi kann nich helpen mehr Bede noch Good,
He bevde schiendadig vöör Angst un Noth. —

De Königin begeerde dat Woort
Un spröök to den König also foort:
Reineke's Noth erbarm' ju mien Heer,
Hierum bidde if ju sehr.
Neemt em up in jue Gnade,
Updat nablive grötere Schade.
Befehlt em, dat he us do, kund
In düsser Stünne den rechten Grund,
Un dat Idereen swige still,
Updat he spreke, wat he will. —
De König geboot, dat man swige sofoort.
Reineke spröök: Nu hört up mien Woort,
Is dat minen Heern, den König, leef,
Will if ju seggen, wa sik et begev,
Un wat daar vöörgüng apenbaren,
If denk', mi is nix gaan verlaren. —
Nu mag man hör'n en nie Fund,
Reinekes Bösheit harr keen Grund,
Waarmit he sinen Vader andä,
Quad un Unehre, de he öwer em sä.
Dok öwer den Greving, sien beste Fründ,
De em doch tru tor Side stünd.
He spröök dit slau in aller Andacht,
Daarmit sien Woort kreeg en grötere Macht,
Un he also in düsser Sprake,
Sine Fiende bracht' in de sülwe Sake,
De 'em na Lief un Leben stünnen. —
He spröök: Mien Vader harr ins sünnen
Des mächtigen Königs Emerikus Schatt,
To den föhr en verhalen Padd,

Un do he harr sück en grotet Good,
Würr he ook groot un stolt vun Moth,
Un heel alle Deere in Unwardigheit,
Döör sine geckhaftige Hochfardigheit,
De sine Gesellen wasn vunt Vören.
Hintze, den Kater, leet he föhren
In de Ardennen, dat wille Land,
Mit Bruun würr he aldaar bekannt.
He sä em, na Flandern he kamen schull,
Wenn he nu König warren wull.
As Bruun vun Hintze hör düsse Berich'
Harr sien Bliedskup keen Enne nich,
Wiel he al lange Tied harr tracht
Na Scepter un Kron' un grote Macht.
Na Flandern reis'de he glick up Stä,
Waar he minen Vader ook sinnen dä,
De wol em empfüng. Grimbaart müsst kamen,
Un Isegrim was ook mit jüm tosamen,
Hintze, de Kater, dat was de Fievte.
Daar liggt en Dörp, dat nöömt man Ifte,
Twusken Ifte un Gent
Daar harren se ditt Parlament.
Düster un lang was de Nacht,
Groot öwer jüm des Döwels Macht,
De jüm bald harr in sien Dwang
Döört Geld vun mien Vader. Dat dürr nich lang,
Do swören se den König den Dood
Un tru sik to we'n in Angst un Noth.
Up Isegrim's Koop swöörn se sogar,
Se alle Fieve, dat Bruun, de Bär,

König schüll we'n; dat he resideer'
To Achen; un noch veel mehr.
Bun süver Gold schüll de Krone he drägen
Un schüll et gebörn, dat Een daar weer gegen
Bun des Königs Frünn', dann schull mien Vader mit
sien Schatt
Em bekopen, dat he sä nich Ditt noch Dat. —
To weten kreeg ik ditt also:
Et passeer' ins enes Mörgens froh,
Dat Grimbaart keek to deep int Glas
Un dat utermaten he fröhlich was.
Do sä he't heemelk an sien Wief,
Bi de harr't lange keen Verbliv.
Se keem ins mit mien Wief tosamen,
Do sä se: Swöör bi des dree Königs Namen,
Bi dine Ehre un bi dine Tru,
Dat du't nich naseggst, wedder nu,
Noch to'n Tied, de kamen magg,
Wat ik heff hört verleben Dag.
As mien Wief awer bi mi keem,
Sä se mi gliek, wat se verneem.
Dok dä se wol noch en Wöörtken daarbi;
Man soveel entneem ik daruut vöör mi,
Dat wahr et weer wat se mi sä,
Ik was bedrööft, waar'k gaan ook dä.
Ik dacht daarbi an de Poggen all,
De ins repen to Gott mit luden Schall,
He schüll jüm enen König geben,
Updat se in Dwang ook müchten leben.

Gott hörde se un schickte jüm to
Den Äbär, dat he se dwingen dä do,
Un dat he se bett up düssen Dag hate,
Un nümmer se in Freden late.
Nu klagen se sehr, un et to spät,
Se möt't nu liden Leed un Verdreet.
Ünner den Äbär, eren König,
Un all' er klagen helpt jüm wenig,
So spröök Reinke to all' de Deeren,
De baar stünnen un' be baar weren.
Seht, so was mi bang ook vöör us Allen,
Dat et mit us ook so mücht fallen.
Heer, besörgt ook was ik do vöör ju,
Waarvöör ji mi wenig danket nu.
Ik kenne Bruun, den Schalk, he's quad,
Un vull vun grote Öwerdaad,
Daarum was bang ik vöör em sehr.
Ik bacht, wenn he würr use Heer,
Dat wi denn alle weren verloren.
Ik kenne den König, hochgeboren,
Good is he, un ook mächtig sehr,
Allen Deeren en gnädige Heer,
Ik bacht ook foorts an düsse Dinge,
De Wesslung is quad un nich geringe
Js't antoslaan, wer König warrt,
Vöör Bruun, den Bär, us Gott bewahrt.
Ik bacht un bacht wol mennige Weke,
Wa düsse Sake ik terbreke,
Baben Alles awer freide mi dat:
Beheel mien Vader sinen Schatt.

Ik dacht, dat he den Falsken spele
Un Narren maken dä, vele, vele,
Updat he den König neem sine Ehr'.
Ik awer trachtede daarna sehr
Wies to warren, wa de Schatt,
De grote Schatt, vergraben satt,
Updat ik em brachte up de Siet.
Mien Vader, de listige Ole, möcht gaan tor Tied
To Feld of lopen in en Wald,
Et heet we'n, natt of deep of kold.
Bi Dage et we'n of ook bi Nacht,
Ik folgde em slikend na ganz sacht.

Dat siev un twintigste Capittel.

Ik leeg ins to ener Tied inr Eere
Un dacht of 't nich, wat 't sehr begeerde,
Eenmal döör en Slümp to weten kreeg
Waar de Schatt verbürgen leeg.
As ik so leeg un et geern harr vernamen,
Do seeg ik minen Vader kamen
Ut ener Steenritze, de was deep.
Ik leeg ganz still as of ik sleep.
So würr he gewahr ook nix vun mi,
Dat ik em was so nahe bi.
He begünnde sik wiet un siet ümtosehn,
To he verneem, dat he was alleen,

Stoppde he dat Gatt wedder to mit Sand
Un möök et glick mit dat annere Land.
Dat ik ditt seeg, daar wüßt he nix van,
Dok seeg ik ehr he güng van=daan,
Dat he mit Steert un Münn
Dat Spoor verwiskde, waar he stünn.
Ditt lehrde ik daar, un heff et beholen,
Vun minen Vader, den falsken Olen. —
As he gaan was upn anner Gewinn,
Do dacht ik still in minen Sinn,
Dat daar verbürgen leeg de Schatt
Un güng un apende dat Gatt
Mit mine Föte, un krööp daar henin,
Un fünn daar so en groot Gewinn,
Vun Sülwer veel un rodet Gold.
Hier Nüms is vun Jung noch Old,
De soveel ooit up eenmal sagg.
Ik günnde mi Rau wedder Nacht noch Dag;
Ik begünnde to slepen un dragen,
Ahne Kar' un ahne Wagen.
Mi hölp mien Wief, Fru Ermelien,
Wi harrn daarvun veel Arbeit un Pien,
Ehr wi den sehr riken Schatt
Bracht harrn in en anner Gatt,
Daar he beter harr de Lage.
Mien Vader intwusken was alle Dage
Bi de, de gevt den König Rath.
Nu hört en' Beten öwer ere Daad:
Bruun un Isegrim wasn bi de Hand,
Ere Breve to schicken in menniget Land,

An Alle, de Sold wullen nehmen
Un dat to Bruun se kemen,
De jüm schüll geben mit milder Hand.
Mien Vader leep do vun Land to Land
Mit düsser Beiden Breve,
Un wüßt nich, dat de Deve
Sien Schatt intwusken harren namen.
Ja, harr he alle Welt ook künnen bekamen
In eren Deenst to düsser Tied,
Et harr nix nützt, sien Schatt was he quiet.

Dat söss un twintigste Capittel.

Do mien Vader mit Noth un Pien
Twusken der Elbe un den Rhien,
Lopen was döör Land un Stadt,
Daar he würb mennigeen Soldat,
Döör sien Sülwer un sien Gold,
De Bruun to Hülpe schulln kamen bald,
Kehrde he wedder as de Summer was kamen
Un levde mit sine Gesellen tosammen.
He vertell jüm vun de grote Pien
Un Noth un Sörge un wat he dä li'n,
Vun de hogen Börge int Saxenland,
Un vun den eklig swaren Stand
Mit Jäger un Hund, dat alle Dage
Sien Leben harr hüngen in de Wage.

Se harrn em veel to wedder daan.
Dok wiesde he an sine Kumpan'
De Ünerschriften vun de Gesellen,
Twölfhundert Namen dä'n se tellen.
De lesden se Alle Fieve tosamen,
Dat wasn wol grote un stolte Namen.
Vun Isegrim's Frünne fehlde nich Eene
Mit grote Münne un scharpe Tähne.
Ahne de Katers un ahne de Bären,
De alle in Bruun sine Hülpe weren,
Stünnen daar alle Veelfreters un Daxen.
Vun Doringen sowol als ook vun Saxen.
De Alle harren em tosworen,
Wenn man jüm geben wull tovoren
Vöör dree Weken vööruut den Sold,
Wull'n se kamen ook sobald.
Bruun to Hülpe as he 't jüm sä,
Gott Dank, dat ik dat hindern dä. —
Do mien Vader harr Alles bestellt,
Güng he hen na de Schatt int Feld,
Sien Dog eenmal daaran to weiden;
Man as he daar keem, wat gevt en Leiden!
As he den Schatt nich finnen künn,
Hüng he sik up tor sülm Stünn,
Wiel sien Schatt was wege dragen,
Ik do' et vundage noch beklagen.
So keem et, dat Bruun besitten blev,
Döör mine List ik dat bedrev.
Ik bün daar slecht vöör lohnet worden,
Isegrim is Rath un Bruun dreggt en Orden.

6

Se sitt't bi den König up hoger Bank,
De arme Mann Reinke is sünner Dank,
Dat he sien Vader hett öwergeben
Um den König to beholen sien Leben.
Waar sünd se hier, de ditt noch schullen wol doon,
Sik to verdarben um to beholen ju Leben un Kron'? —

Dat seben un twintigste Capittel.

De König un de Königin,
Se hopden beide up Gewinn.
Se gaat mit em na enen Oort
Un spreken: Segget us nu foort,
Waar ji hebbt den groten Schatt? —
Reineke sä: Wat hülpe mi dat,
Wenn ik nu wiesen dä all mien Good
Den König, de mi to hangen droht? —
De glövt de Möörners un de Deve,
De mi nich günnet, dat ik leve,
De söökt in Leegen un Dreegen Gewinn? —
Ne, Reineke, sä de Königin:
Mien Heer schall fründelk ju vergeben
Un ju schenken in Gnaden dat Leben,
Ji schöölt em vöördann wesen tru. —
Reineke sprök: Mien leeve Fru,
Will mi de König nu

Fast ditt beloven hier vöör ju,
Dat ik we'er staan schall in sine Huld,
Dat all' mine Bröke un mine Schuld,
He mi vundage will vergeben
Un ik beholen do' mien Leben;
Dann maak ik em so riek as daar keen König is,
Dat is wahr un ganz gewiß.
Denn mien Schatt hett en groot Gewicht,
Ik wies' em dann ook, waar he liggt. —
Fru glövt em nich, de König spröök,
He lüggt un stillt un rowet ook,
Der argsten Leegners een is he. —
De Königin spröök: O Heere, ne!
Al föhrde ook Reinke een quadet Leben,
Vundage könnt ji em Gloven geben.
Sä he us doch in düsser Stünne
Veel Quad vun alle sine Frünne,
Vun sien eegen Vader sä he 't sogaar,
He is nich quad, dat seh ik klaar.
Öwer den Greving, de em bistünn tru,
Spröök he gegen us ahne Schu.
Wull he vundage us mit Leegen
Up sine ole Wiese bedreegen,
Harr he wol annern Deeren beseggt,
Den Greving schoont un sien Vader eerst recht.
He warrt nich mehr sien so untru. —
De König spröök: Meen ji dat? Fru!
Un is dat de Beste juer Raden?
Waarna us nich kame groter Schaden;
So will ik be Bröke nehmen up mi

6*

Bun Reinke, wa groot de Sake ook si,
Un will em globen all' sine Wör',
Awer bi mine Kron' ik em swöör,
Weer et, dat he hierna mißdä mehr noch as ditt
All' d' em tohören, bett int teinde Lidd,
Wer et ook si, se schälen all'
Kamen in Schaden un Ungefall,
Daarto vöör een groot Parlament. —
As Reinke seeg so umgewennd't
Den König, kreeg he betern Moth
Un dacht, ik kaam noch uut de Noth.
He spröök: Unklook was ik, wull ik spreken
Nu een Woort, dat 'k nich dä bereken,
Un dat ik nich bewiesen künn
To jeder Tied, to jeder Stünn. —
De König meen, dat et so sik verheel,
Un vergev em daarup sine Sünne geheel,
As ook de Ungünst vun sien Vader daarto,
Do würr he uutr Maten froh.
Ditt künn ook wol nich anners wesen,
He was jo vun den Dood genesen.

Dat acht un twintigste Capittel.

O, König, spröök Reineke, eddeler Heer!
Gott lohne ju vöör düsse Ehr'
Ju un ju Fru, de an mi ji do't
Ik dank' ju daarvöör un vergete et nooit

Wat Alles ji an mi hebbt daan.
Drum mög ahne Haat ji den Schatt empfah..
Ik will ju seggen waar he liggt
Un de Wahrheit spreken na Recht un Plicht:
Int Osten vun Flandern, ditt market mi,
Daar liggt ene grote Wüsteni,
Daarin een Busk, de heet Husterlo,
Sien rechte Nam', de is also.
Daar is een Born, heet Krekelpütt,
Gnädige Heer, market ju ditt.
Düsse steit nich wiet daarvan,
Daar kümmt nich hen, we'er Wief noch Mann
In mennig leevet, langet Jahr.
So groot de Wildniß is aldaar,
Dat de Ulen daar hebbt dat Regeer.
Daar liggt de Schatt, Heer, in de Eer.
De Stä, de heet vun Krekelpütte,
Verstaat ditt wol, et is ju nütte.
Daar föhr ik ju hen un ook ju Fru,
Wiel Nüms as ik ju leide so tru.
Ji köönt mi ook senden asn Bade,
Ji wet't, ik wull noch nooit ju Schade.
Heer, ji sülm möt't daarhin.
Wenn ji Krekelpütte vöörbi sün,
Findt ji staan twee junge Birken,
Heer ik bidde ju ditt to marken.
Bi de Pütte nabi se staat.
Gnädige Heer, to de Birken gaat,
Daarünner liggt de Schatt begraben,
Daar mög ji en Beten kratzen un schraben.

Dann findt ji Maas an ene Siet,
Daarünner mennig mooi Geschmied,
Bun Sülwer un Gold,
Ook findt ji daar de Kron' so stolt,
De Emerick bröög in sine Dagen.
Bruun, as 'k ju sä, schull de hebben dragen,
Wenn sien Wille was geschehn.
Ji warrt daar mennig Zierrath sehn
Bun Edelsteen un golden Wark.
De weerth sünd mennig dusend Mark.
Heer König, wenn ji eerst hebbt ditt Good
Wa saken willt ji in juen Eenmoth
Denken: O, Reineke, true Voß!
De du vergrovst hier in ditt Maas
Düsse Schatt, döör dine List,
Gott gev di Ehre, waar du ook büst.

Dat negen un twintigste Capittel.

De König spröök: Hört mi, Reinard,
Ji möt't nu mit mi up de Fahrt.
Ik kann de Stä alleen nich raken,
Ik heff wol hört ins nömen: Aken,
Lübeck, Köln un Paris.
Wa awer Husterlo, Krekelpütt is,
Daar heff ik nümmer noch vun hört,
Ik fürchte dat sünd een Paar Flünkerwoort.

Ditt hörde Reineke nich geerne.
He spröök: Heer, ik wies' ju nich feerne.
Of hen na de grote Jordan,
Dat ji achter min' Wör' sett juen Argwahn.
Et is hier dune bi, in Flandern,
Mine Wöre will ik nich verandern,
Ik will hier fragen een Paar Gesellen,
De schälen datsülwe ju vertellen,
Dat Krekelpütt bi Husterlo,
Dat daar se liggt un heet also. —
He reep Lampe, un de kreeg en Schrick.
So verfährde de arme Döwel sik.
Reineke sä: Wes't nich verfährt,
Kaamt, de König juer begehrt.
Ik frage ju bi all' ju Eeden,
De ji körts minen Heeren däden,
Weet ji nich, waar Husterlo steit,
Un waar man hen na Krekelpütt geit? —
Liggt se nich beid' inne Wüstenie? —
Lampe spröök: Will ji ditt hören vun mi? —
Krekelpütt is bi Husterlo,
Dat isn Busk, de heet also.
Simonet, de krumme, münntede daar
Sien falsket Geld so mennig Jahr,
Un leeg daar mit de Gesellen sien:
Ik heff daar faken leben veel Pien,
Vun Hunger un vun scharpen Fröst,
Wenn ik in Noth was un lopen müsst
Vöör Rien, den Hund, dat was wol hart.
Do neem dat Woort de Voß, Reinart:

Lampe gaat weder mank günne Knecht.
Ji hefft minen Heeren noog al sggt. —
De König spröök: Reinke gevt ju to free,
Unöwerleggt was et, wat ik dä,
Dat ik ju besä mit unrechte Dingen.
Seht to man, dat ji mi daarben nu do't bringen. —
Reinke spröök: Daaröwer künn 'k we'n heel froh,
Wenn mine Sake stünn also,
Dat ik ook mit den König künn wandern
Un folgen em, wenn he geit na Flandern.
Awer mien Heer, et weer wol Sünne,
Ik segg ju de Sake in düsser Stünne,
Mööt ik daaröwer mi ook schamen.
Isegrim güng in des Döwels Namen
Ins inn Orden un würr schoren
Kahl asn Mönk beit an beide Ohren.
An de Präbende harr he nich noog,
De een Sösstall Mönke em updroog.
He klagde jümmer daaröwer so sehr
Dat' et to'n Erbarmen weer.
Un as he baardöör krank ook würr.
Do hülp ik em, wiel et mi durr.
Ik gev em Rath, dat he keem vundaan,
Hierum bün ik in Papstes Bann.
Mit juen Willen will ik mörgen,
Dat Heil vun mine Seele besörgen,
Un will so fröh as de Sünne upgeit
Na Rom to gaan, mi maken bereit.
Um Gnade daar bidden un Aflaat,
Ik hope, dat schall mi warrn to Bat'.

Bun daar will ik dann öwert Meer
Un ehr ik kaam un wedderkehr',
Will ik soveel wol hebben daan,
Dat ik in Ehren mag bi ju gaan.
Reis'de ik nu mit ju, waar et ook weer,
Een Jder schull spreken wol: Seht, use Heer
Hett nu wol sien meest Bedrief
Mit Reinke, den he wull nehmen dat Lief.
Daarto is Reinke inn Bann.
Seht, gnädige Heer, do' ji 't verstaan? —
't is wahr, sä de König, dat ji inn Bann,
Dat künn mit Recht man verwiten mi dann;
Wenn ik ju leet so mit mi wannern.
Ik will Lampe of Een vun de Annern
Mit mi nehmen na de Pütte. —
Ju, Reinke, vöörwahr schallt we'n vun Nütte,
Lat't ju absolveren uutn Bann,
Ji hebbt mine Huld un mögt nu gaan.
Ik will jue Bedefahrt nich wehren,
Mi dücht, ji willt ju heel bekehren
Bun alle quaden to gode Dingen,
Gott late ju de Reise vullbringen.

Dat dörtigste Capittel.

Glief daarup as ditt was daan
Güng de König sülm staan
Upn hoge Stä vun Steen,
Un heet de Deere allgemeen
Swigen un sitten daal int Gras,
Idereen, na dat he barn was.
Reinefe bi de Königin stünn. —
De König spröök, so luut he künn:
Swiget un höret All' togliek
Ji Vagels, ji Deere, arm un riek;
Höret to, ji Kleenen un Groten,
Mine Baronen un mine Huusgenoten:
Reinke steit hier in miner Macht,
Den man vundag' to hangen dacht',
Nu hett he awer hier daan to Hove,
So veel, dat if em daarum love.
If gev em mine Huld mit Hart un Sinn,
Un ook mine Fru, de Königin,
Hett so veel bidd't bi mi vöör em,
Dat if sien Fründ nu warrn bün;
Un he versöhnet is mit mi,
Un if em hebbe geben fri
Sien Good sowol as Lief un Leden,
Daarto gev if em fasten Freden
Un gebeede ju Alle, bi ju Lief,
Dat ji Reinke sowol as ook sien Wief

Un sine Kinner alle Ehre andö't
Waar se ju ook kaamt tomöth,
Is 't bi Nacht of ook bi Dage.
Ik will nu mehr ook keene Klage
Öwer Reineke anhören,
Heet he ju Quad daan ook vunt Bören,
He will sik betern un ditt also:
Mit Stock un Ranzel will mörgenfröh
He to den Pabst na Rom hengaan,
Um Aflaat vun em to empfahn.
Vun daar will he dann öwert Meer
Un kümmt nich ehrder wedder heer,
Ehr daat he kregen hett vulle Aflaat
Vun all' sine Sünnen un Öwerdaad.

Dat een un dörtigste Capittel.

Hintze spröök mit groten Torn:
All use Arbeit is verlarn,
To Isegrim un ook to Bruun,
Ik wull ik weer to Luntertuun.
Is Reinke weer in des Königs Günst,
He warrt dann bruken sine Künst,
Wi Dree warrt warren noch mehr schänd't,
Mi hett he al een Oge blend't,
Nu steit dat anner ook Aventür. —
Bruun spröök: Gode Rath is hier nu düür.

Isegrim spröök: Ditt is'n selsen Ding.
Laat us gaan vöör den König flink.
Se güngen hen, bedrööft inn Sinn,
Isegrim un Bruun vöör de Königin
Un spröken öwer Reinke mennig Woort. —
De König spröök: Hei 't nich hört,
Dat Reinke bi mi in Gnade steit? —
De König würr tornig, leet fangen de Beid',
Bruun un Isegrim, in Hast,
Un leet se beide sluten fast.
He was jüm bös noch um de Wör',
De he vun Reinke fröher hör. —
Also kreeg up sülm Dag
Reinke's Sake een Umslagg.
Sine Wedderparten he so verröd,
Bedrev he ook, dat man do sneet
Vun Bruun sien Rügge af dat Fell,
Dat man em gev to en Ranzel.
Een Foot lang un en Foot breed,
So würr se nagrade reis'bereet.
Up een Paar Schoh stünn noch sien Sinn,
Daarum bed he de Königin,
Un spröök: Fru, een Pilger ik nu bün,
Hier is mien Öwerheer Isegrim,
De hett veer Schoh so fast un good,
Daarvun ik een Paar hebben möt;
Bestellet ditt an minen Heern,
Dok möt Fru Giremund twee entbehrn,
Se blifft jo doch to Huus ganz still.
De Königin spröök: Magg geschehn ju Will',

Schüll et ook kosten er Beider Lief,
Isegrim meen ik un sien Wief,
Se möten ider twee Schoh entbehrn.
Reinke sprök: Ik dank et ju geern;
Nu kriege ik veer gode Schoh.
Ja, all' dat Gode, dat ik do',
Daaran schöll ji deelhaftig sien;
Ji, un ook de Heere mien.
Een ider Pilger deit wol recht,
Wenn he vöör de to bidden plegt,
De em helpt mit jichtens wat,
Ji gevt mi riekelk, Gott lohne ju dat!

Dat twee un dörtigste Capittel.

Vun beide Vöörföte bett ant Knee hento
Verlör Heer Isegrim sine Schoh,
Desgliek sien Wief, Fru Giremund
Up de bloten achtersten Föte stünd.
Dat Fell was mit de Klauen af;
Düsse Schoh man foorts an Reinke gaff.
So würr jüm trücken dat Fell vun de Been,
Arm're Wichte harr de Welt noch nich sehn
As Bruun un Isegrim un sien Wief,
Se harrn daar bald bi laten dat Lief.
Dok Bruun was bekamen de Reise nich gut,
He verlör een Stück vun sine Huud.

Reinke bracht so düsse Dree to plass;
He güng hen, daar de Wulfin was
Un sprööf: Seht doch heer, mien leeve Mö!
If mööt nu dregen jue Schoh.
Menningmal hei un faken
Grote Meite um mien Verdarf ju do'n maken,
Dat is mi nu tomal sehr leid;
Man so as jue Safe nu steit,
Daar heff if ook veel Fliet up daan
Un mi is 't ganz vun Harten gaan.
Ji sünd miner leevsten Verwandten Een',
Drum dreeg if ju Schoh ook an Föte un Been',
Verdeene if Aflaat, wenig of veel,
Dann krieg ji daarvun ook seker ju Deel
Bevöör if wann're öwer de See.
Fru Giremund leeg in grotet Weh,
So dat se naue künnde spreken.
Doch sprööf se: Ach, Reinke, Gott is wol weken
Vun us, dat so döörgeit ju Wille.
Isegrim leeg un sweeg puur stille,
He harr·sien seben Sinne nich all',
Mit Bruun, sien Gesell, was 't ook de Fall.
Verwund't se legen un daarbi bünnen,
Reineke harr jüm alle schünnen.
Was Hinze daar west, de wille Kater,
Dok em harr warm he maakt dat Water.

Dat dree un dörtigste Capittel.

Des annern Dags, des Mörgens fröh,
Smeerde Reinke sine Schoh,
De Isegrim körtens harr verlörn,
He un sien Wief, den Dag vun 't Vörn.
He güng to den König un meldede daar:
Heer, ju Knecht is nu heel klaar
Hentogaan öwer de hillgen Wegen,
Hetet juen Priester, dat he mi seegen.
Dat ik ünner de Benediginge
De Pilgerreise antred un vullbringe. —
De Rambuck was de Capellan
De, de geestelken Dinge pleg vöörtostaan,
He was ook Schriwer un heet Bellien,
Den reep de König to sik in.
He spröök: Öwer Reinke schöölt ji also foort
Lesen wücke hillge Woort.
He mööt ene lange Reise nu gaan;
Hangt em ook den Ranzel an,
Daarto do't em sinen Staff. —
Bellien den König tor Antwoort gaff:
Heer, hei dat wol nich verstaan,
Dat Reinke is in Papstes Bann?
Ik keem to plasse, dat is wiß,
Bi'n Biskup, de mien Öwerste is,

Wenn em bitt ins we'er würr seggt,
Ik do' an Reinke wedder krumm noch recht.
Künn man awer dat so bedriven,
Dat ik mücht ahne Schaden bliven
Bi den Biskup, Heer Ahnegrund,
Un sien Provos, Heer Losefund,
Un bi Rapianus, sien Dekan,
De Benediginge wull ik spreken dann
Öwer Reinke, juen Pilger, geern. —
De König spröök: Wat schöölt de Heern
Un de velen unnütten Wör',
De ik hier vun ju nu hör'? —
Will ji nich lesen recht noch krumm,
Daar sla sik de Döwel um!
Wat geit mi an de Biskup inn Dom,
Hör ji nich? Reinke will na Rom
Un will sik betern. Willt ji dat stören? —
Bellien krabbde sik achter de Ohren,
Do he den König seeg tornig wesen
Un begünnde sofoorts inn Boke to lesen
Öwer Reinke, de daar wenig ümgaff.
Et hölp soveel, as dröskde man Kaff.

Dat veer un dörtigste Capittel.

Do öwer Reineke was lesen
Un he bereit dä wesen,
Stock un Sack man em harr daan
Un he sik tier na Rom to gaan:
Leet he fallen fünfke Tranen,
Dat All', de't seegn, müchten ahnen
Wa weh em wesen möcht umt Hart.
Man dat bi em vun Reu un Smart
Dok nich en Beten keem to Pass,
Dat seeg man wol. He harr to plass
Noch geerne bracht, all' de daar weren
Gliek Isegrim un Bruun, den Bären.
Dat mücht em so wol nich gefallen,
Awer dennoch stünn he un bed se Allen,
Dat se däen bidden vöör em so tru,
As jüm Allen mägelk man was nu.
Dann leep he sehr hastig vun daar
As Een, de wittert groot Gefahr,
As Een, de sik noch schüldig weet.
De König spröök: Et is mi leed,
Reinke, dat ji so hastig sied.
Ne, spröök Reinke, et is recht Tied;
De good doon will, de schall se nich sparen,
Gevt mi Verlöff un latet mi fahren.
De König spröök: Hebbet Verlöff!
Un gebot den ganzen Hof

Mit Reinke een Stück Wegs to gaan
Behalven, de daar wasn gefahn,
As Bruun un Isegrim; in eren Noth
Wüstden se faken sik sülın den Dood.
So güng Reinke uut den Hof
Sehr groot in des Königs Loff,
He güng mit Ranzel un mit Staff
Den rechten Weg nat hillge Graff.
Daar drev he sien Spill, as Meyboom to Aken.
Et wull sik brade wol anders maken,
Harr he ook alsüß en flassen Baard
Den König maakt döör sülwen Fahrt,
Un nich alleen en Baard vun Flaß,
Man ook ene Näse em ansett vun Waß.
Se müßsten em folgen an sülwen Dage,
De öwer em bracht harrn vele Klage.
Noch spröök Reinke den König an:
Heere, seht, dat de ju nich entgaan,
De twee Möörners, de daar liggt,
In juen Kerker, na Recht un Plicht.
Kemen so weg, dat were quad,
Se schüllen wol schänden juc Majestat.
Et sünd twee böse, quade Ketiv',
Künnen se, seker, se nehmen ju't Lief. —
Do dat alle was geschehn,
Leet de Pilger sine Demoth sehn.
He güng, den Kopp he hangen leet
As Een, de gaar vun Quad nix weet.
De König güng wedder up sien Slott,
Dok all' de Deere, kleen un groot.

Reinke heel sik sehr bedrööft,
Mehr, as mennig Rechtschapen lövt,
Dat eenige sän: De arme Mann!
Up Lampe harr he't afseen dann.
O, Lampe! Schööl wi us nu scheiden?
Ik bidde, dat ji mi willt leiden –
Mit Bellien, mien Fründ, de Ram,
Ji Beiden hebbt maket mi keen Gram,
Ju Sellskup maakt dat Gaan so licht,
Ju Wör' sünd sööt un recht un slicht,
Mit alle Deere lev ji in Freden,
Geestelk sünn ji, hebbt gode Seden.
Ji levden na't Gesetz ju Dage
Un beter as ik ahn' alle Frage,
Sülfs do ik noch en Kluus'ner was,
Wiel, wenn ji man hebbt Loof un Gras,
Ji daarmit stillt ju Hungers=Noth,
Un fragt dann nich na Fleesk un Brod,
Of süß na en ann're leckere Spise.
Up düsse Wise mit Loff un Prise
Hett Reinke de Beiden sehr bedoort
Alsüß, dat se güngen mit em foort,
Bett dat se kemen vöör sien Huus,
Vöör dat Kasteel Malepertus.

Dat sieb un dörtigste Capittel.

As Reinke vöör de Poorte keem an,
Vedder Bellien, sä he, to 'n Ram,
Bliv man en Beten hier buten staan,
Ik mööt in mine Veste gaan.
Lampe schall ingaan mit mi.
Bibbet em, dat he tröstelk si
Miner Fru, de bedrööft veellicht is
Un noch bedrövder warrt warrn, da's wiß;
Wenn se et recht eerst warrt verstaan,
Dat ik nu mööt pilgern gaan.
Vele söte Wöre Reinke sä,
Upbat he de Beiden bedreegen dä.
Dat was sien Vorsatz, daarup stünn sien Sinn.
He neem also Lampe mit sik in.
Daar leeg de Vossin vun Sörgen bedwungen
Mit ere beiden kleene Jungen.
Se meende nich, dat Reinke, de Voß,
Uutr Hand des Königs keme los.
Man do se Reinke alsüß seeg kamen,
Un as se den Ranzel harr vernamen,
Pilgrimswise mit Schoh un Staff,
Wüßt se daar heel keen Wunder af.
Se sä: Seggt mi, leeve Reinard!
Wa hett et ju gaan up jue Fahrt? —

He spröök: Ik was inn Hove gefahn;
Doch willig leet mi de König gaan.
Ik mööt nu we'n en Pilgerim,
Bruun, de Bär, un Isegrim
Sünd beide Börge warrn vöör mi.
De König hett us, Dank hebbe he,
In rechter Suun nu Lampe geben
To doon em na usen Willen eben,
De König sülm sä mi Bescheed,
Dat Lampe et was, de mi verröd.
Hierüm segg'k ju, Fru Ermelien,
Lampe is weerth wol grote Pien.
Ik bün em ook vun Harten gramm.
Do Lampe düsse Wör' vernamm,
Würr he verfährt un söchde to flüchten,
Keen Uutweg dä sik vöör em lichten,
Wiel Reinke em harr achtergaan,
Un de Poorte dichte to harr daan.
Asn Möörner greep he 'm na de Kehle
Lampe reerde gräßelk, benaud was sien Seele:
Helpt mi Bellien, ik lied hier Noth,
Düsse Pilger steit na minen Dood.
Kört was awer man ditt Geschrei,
Reinke beet em den Hals entwei.
Also empfüng he sinen Gast.
He sä: Nu latet us eten mit Hast,
Et is vöörwahr en fette Hase,
Wat schüll ik anners ook doon düssen Dwase? —
Ik heff ditt lang al dragen em na,
He warrt öwer mi nich mehr klagen, hurrah!

Reinke, sine Kinner un sien Wief
Eten un plückden Lampe dat Lief.
Wa faten spröök do Fru Ermelien:
Dank heff de König, de Königin.
Gott gev jüm Beide ene gode Nacht,
De us so wol hefft nu bedacht
Mit düsse Spise fett un good. —
Reinke spröök: Et't, Schwerenoth!
Et reckt wol to, hier is genoog,
Et't ju satt, up juen Genoog.
Al mööt ik et ook sülm halen,
Se möten et doch tolest betahlen,
De Reinke beseggen un verklagen.
Fru Ermelien spröök: Noch mööt ik fragen,
Wa keem ji los un quiet? —
Reinke spröök: Dat nehme veel Tied,
Schüll ik ju seggen all' de Lagen,
Waardöör ik den König heff bedragen,
Dok desgliken de Königin,
So dat de Fründskup is ganz dünn
Twusken us, dat ik wol weet,
De wol noch dünner warren mööt.
He warrt mi heeten: Falske Wicht;
Wenn he de Wahrheit to weeten kriggt.
Kreeg he mi wedder in sine Gewalt
He leet mi nich los we'er vöör Sülwer noch Gold.
Ik weet wol, he will mi folgen drade,
Un warrt mi geben keene Gnade.
Is et, dat he mi wedder krigg',
He lett mi ungehangen nich.

Wi möten gaan int Swabenland
Waar wi sünd gänzelk unbekannt,
Un möt't daar holen des Landes Wise,
Gelt! daar's schöne un söte Spise:
Höhner un Göse, Has' un Kaninen,
Daddeln un Zucker, Figen, Rosinen.
Daar sünd veel Vagels, kleen un groot,
Eier un Botter backt daar man int Brod.
Daar is good Water, rein un klaar,
Sööt un gesund de Lücht is daar.
Daar sünd Fiß, de heet vun Gallinen,
De smecken beter, denn söte Rosinen.
Ok ettelke ann're, as Aanten un Auca,
Pullus, Gallus un Pauca.
Dat sünd alle Fiß na mien Geschmack,
De fang ik daar up mien Gemack.
Düsse eet ik in den Orden,
Do ik een Klusener was worden,
Seht Fru, will wi leben in Frede,
Daar möt wi hen un ji möt't mede.
Updat ji et awer recht do't verstaan,
De König leet mi daarüm gaan,
Dat ik em belovde den groten Schatt,
De Emerick, de König, besatt.
Ik wiesde em hen na Krekelpütt,
Man daar find't he we'er dat noch ditt,
Al söchde he daar ook jümmermehr,
Hierüm warrt warrn he tornig sehr;
Wenn he sik find't also bedragen.
Wat meen ji wol, wa mennig schöne Lagen,

Dat ik daar spröök, ehr ik entgüng? —
Et was man naue, dat man mi nich hüng.
Jk leb ok nümmermehr, mehr Noth,
Dok kreeg ik ooit de Angst so groot,
As de Dood ik vöör mine Ogen sceg.
Et ga mi hierna, wa et ook mög,
Jk late mi nich mehr daarto raben
To kamen in des Königs Gnaden.
Jk heff mien Duum uut sinen Mund,
Dank heff daarvöör mien subtile Fund.
Fru Ermelien spröök altohand:
Schööl wi uutteen inn anner Land,
Daar wi Elende un Frömbe weren,
Un kreegn doch nich wat wi begehren? —
Hier sünn ji Heer vun juc Buren,
Waarüm wüll ji denn dat eventuren? —
Un nehmen dat Unwisse vöör dat Gode;
Wi mögen hier leben in sekern Mode.
Use Börg, de is ja good un fast,
Wull doon de König us Oewerlast,
Un kamen mit Macht up düsse Strate,
Dann gifft et noch vele Sidelgate.
Wi wullen entkamen wol sinen Dwang;
Wiel wi weten hier mennigen Gang.
Ditt weet ji ook wol heel un dall.
Ehr us de König fangen schall
Mit Macht, daar schall wol veel tohören;
Man dat ji em dä't swören
To fahren wietweg öwer dat Meer,
Dat maakt bedrööft mien Harte sehr.

Reinke spröök in gober Tru:
Bedrööft ju nich, mien leeve Fru!
„Beter swaren, denn verlaren."
Mi sä ditt een wies Mann ins vunt Voren,
Daar ik mi Richteswies mede beröd.
He sä, dat een afswungen Eed,
Weer nich eenmal so veel weerth,
Un hinder soveel asn Kattensteert.
Den Eed meen ik, verstaat mi recht,
Ik blive hier, so ji hebbt seggt.
Ik hebbe to Rom nich veel verlaren,
Ja, harr ik ook tein Eeden swaren,
Nümmer güng ik na Jerusalem;
Wiel mi ditt nu is nich bequem.
Ik mücht't finden wol so quad
Waar 'k henkeem, as ik et hier laat.
Will mi de König süß in Verdreet
Brengen, dat will ik afwachten,
Al is he mi ook to stark vun Machten;
Dennoch, wenn ik em will bedoren,
Will ik em anhangen Klocken mit Ohren,
Ik do' em Quad, daar he nicht andacht,
Noch arger findt he 't; wenn he et socht.

Dat söss un dörtigste Capittel.

Bellien stünn buten un begünn to kiven,
He reep Lampe to: Will ji daar bliven?
Kaamt doch wedder un lat't us gaan! —
Do Reineke ditt harr verstaan,
Güng he henuut un spröök also:
Bellien, Lampe, de bütt ju veel to,
Laat ju dat nich sien to wedder,
He is vergnöögt mit sine Medder.
Ik schull ju geben to verstaan,
Ji mücht't sachte vööran man gaan.
Mine Fru, de sine Medder is,
Lett em noch nich gaan, da's wiß.
Bellien spröök: Wat was dat vöörn Gereer,
Do Lampe reep heel lute sehr:
Bellien, helpet mi, Bellien!
Wat dä ji em do an vöör Pien? —
Reinke spröök: Hört mi recht.
Do ik mine Fru harr seggt,
Dat ik müßt wandern öwer de See,
Do kreeg se allerwegen Weh,
Dat se lange daarüm in Ahnmacht leeg.
Do use Fründ Lampe ditt seeg,
Do reep he: Helpet Bellien, et deit Noth,
Of mine Medder blifft nu doot.

Bellien spröök: Dat si, wa 't si,
He reep so sehr bedrööst to mi.
Ne, spröök Reinke, ik segg et vöörwahr,
Lampe schad't ook nich een Haar,
Leever wull'k, dat mi 't öwerkeme
As dat Lampe Schaden nehme.

Dat seben un dörtigste Capittel.

Reinke spröök: Bellien, hör ji de Bed',
De mi de König güstern däd,
Dat ik em schriwen mücht en Paar Breve,
Willt ji se em brengen, Vedder leeve? —
Schreven sünd se un bereit,
Veel schöne Dinge entholen se Beid'.
Lampe is vergnöögt baben alle Maten,
Ik mööt em en Beten betämen laten.
He is mit sine Medder to Sprake,
Se vertellen sik ettelke ole Sake.
Se eten un drünken un weren froh,
Dewiel de Breve ik schreef also.
Bellien spröök wedder: Leeve Reinard!
Waar höll ik de Breve wolverwahrt?
Wat hebb' ik, daar 't se mücht insteken,
Updat de Segels nich terbreken? —
Reinke spröök: Ik weet wol Rath,
De Ranzel is daarto nich quad

Vun Brunens Fell, de's stark un dichte,
Daarin gaat se seker nich tonichte.
Daar will ik de Breve ju leggen in,
Daardöör krieg ji en groot Gewinn
Vun den König, usen Heern.
He warrt ju ook empfangen mit Ehr'n,
Ji warrt em sehr willkamen sien.
Ditt lövde all de Ram Bellien.
Reinke güng hastig wedder in
Un neem den Ranzel un stöök daarin
Lampe's Kopp, de he'm afbeten.
Bellien dä daarvun gaar nix weten,
Dat Lampe sien Kopp drinstöök.
He güng to Bellien un spröök:
Seht, hangt den Ranzel an juen Hals,
Ik verbeede ju Alles un Alls,
Un hoop, ik bidde ju nich vergevs
Nich to besehn de Schrift des Breefs,
Wiel düsse Breve ik heff also
Verwahrt, daarum sied kloof un lat't se to.
Ji möt't ook nich den Sack updoon
Willt ji verdeenen Geschenke un Lohn,
De de König ju gifft, so he hett fünnen
Dat de Ranzel so is bünnen,
In sodaner Wise, as ik em ju
Heff daan em to verwahren nu.
Hört mi recht, et warrt ju framen
So ji vöör den König kamen.
Willt ji, dat he ju schall hebben leef,
So segget, dat ji sülm den Breef

Dichten dä't un hebbet geven
Den Rath daarto, dat he is schreven.
Ji krieget Lohn un groten Dank.
Bellien würr vergnöögt un sprüng
Vunr Stä warup he stünn
Höger denn annerthalf Foot inne Rünn'
Un spröök: Reinke, Vedder un Heer!
Nu weet ik, dat ji mi do't Ehr',
Nu schall ik wol kriegen sehr grotet Loff
Vun all de Heeren in den Hof;
Wenn se sehn, dat ik sowol kann dichten
In moje Wöre un in slichten,
Of ook de Künst nich is bi mi,
Dat ik kann dichten so wol as ji.
Se schäl'n 't doch meenen, ik danke ju geern,
Good was et, dat ik ju folgde so feern.
Wat rad ji mi vörder, Reinke, Fründ,
Schall Lampe ook mit gaan to düsser Stünd? —
Ne, spröök Reinke, willt mi verstaan,
Lampe kann noch nich mit ju gaan.
Gaat nu to up juen Gemack,
Ik will Lampe noch eenige Sak'
Updecken, de noch sünd verhalen.
Bellien spröök: so sied Gott befahlen!
- Ik maak', dat ik to Hove kaam
Un daarmit güng he denn vundaan.
As he daar keem, do was et Middag,
De König Bellien kamen sagg.
He seeg ook dat desülve Ram
Den Ranzel dröög, den Reinke mitnamm.

De König spröök: Seggt us Bellien
Waarheer ji kamen sünn? —
Waar is Reinke? mööt ik ju fragen,
Dat ji so sinen Ranzel dragen? —
Bellien spröök: König, eddeler Heer!
Reinke bed mi fründelk sehr,
Ik schüll ju twee Breve bringen,
Daar steit in vun behännde Dingen.
Den Rath daarto heff ik uutgeben,
Dat se so sünd dicht't un schreben.
Daarin sinn ji subtilen Sinn,
De sülwen Breve sünd hierin. —
De König sik nich lange beröd,
Den Bever he gaue halen leet,
De was Notar, de was sien Klark,
Bökert heet he, un ditt was sien Wark:
He lees de Breve vun swarer Sake,
Wiel he verstünn wol mennige Sprake.
Dok sünnd he to Hinze, dat de heer keem,
Dat he den Ranzel Bellien afneem.

Dat acht un dörtigste Capittel.

Do Bökert, de Bever, harr apendaan
Den Sack mit Hintze sinen Kumpan,
Tröck he Lampes Kopp daaruut.
Do spröök he also öwerluut:
Ditt is tomal en selsen Breef,
Waar is de Mann, de düsse schreef?
Wer is hier, de et nicht glöben deit,
Dat Lampe sien Kopp hier vöör em steit? —
De König un de Königin
Verschrücken sik in eren Sinn.
De König slöög sien Kopp wol ne'er
Un sä: Och, Reinke, harr ik di doch we'er!
Ik seh, ik bün döör di bedragen,
Wat hest du Alls mi nich vöörlagen! —
He sä ditt in so bedröösden Toon,
Dat verfährt würrn alle Deere daarvun.
De Leopard bi den König stünd,
De was sien nah'geboren Fründ.
He spröök: Wat maak ji vöörn Allarm,
Un windet ju in Leed un Harm!
't is nett as of de Königin doot!
Lat't fahren düsse Reue groot,
Griept Moth, et weer wol anners Schanne.
Sünn ji nich Heer in düssen Lanne?
Et is jo ünner ju, all wat hier is.
De König spröök: Is dat so wiß,

So latet ju dat keen Wunder sien,
Dat nu mien Harte lidet Pien,
Of dat ik Reue dreeg öwer mien Daden.
Mi hett mit sine böse Raden,
Een quade Schalk so feerne bracht,
Dat mine Frünn' heff heim ik socht:
Den stolten Bruun un Isegrim,
Dat deit mi leed int Harte mien,
Dat schall wol an mien Ehre gaan,
Dat ik so veel Quad heff daan
Gegen mine allerbesten Baron',
Un ik den quaden Horensohn
So hoch heff sett in Globen un Tru;
Man Alls keem heer vun mine Fru.
Se bed vöör em so sehr tovören,
Dat ik ere Bede wol müsste erhören.
Dat is mi leed, al is et to spat,
Ik büss nu eren goden Rath.
De Leopard spröök: Hört mi, König, Heer!
Mojet ju daarüm nich alto sehr.
Hei missdaan, ji köönt et sönen.
Gevt den Wulf, un Bruun, den Könen,
Dok Giremund, der Fruen sien,
De böse Ram, mit Namen Bellien.
Wiel he sülm bekennde apenbar un bloot
Dat he gev Rath to Lampens Dood.
Dat schall he wedder betahlen, un dann
Will wi Alle Reinke fangen gaan.
To Wöre laat wi em nich kamen,
Süss bedrügt he us ook all' tosamen,

Wi hangt em glick, up frisker Daad,
Ehr wi to Wör' em kamen laat;
Wiel he sine Wöre kann so slich',
Kümmt he to Wöre, man hangt em nich.
Dat weet ik wol mit düsse Suun
Tofre is Isegrim un Bruun.

Dat negen un dörtigste Capittel.

As de König ditt harr hört,
Sprök he ton Leopard sofoort:
Ik will doon na juen Rath
Un bidde ju, dat ji hengaat
Un haalt us heer de beiden Heeren.
Man schall se wedder mit grote Ehren
Bi us setten in den Rath.
Ik bidde ju ook, dat ji hengaat
Un sendet Baden an alle de Deeren,
De hier tolest to Hove weren.
Man schall jüm geben to verstaan
Dat Reinke döör List us is entgaan,
Un Bellien un Reinke, de Rode,
Lampe hebben bracht ton Dode;
Een Ider schall Isegrim, den Wulf
Waardigheit doon un Bruun datsulf.
De Suun schall sien, so as ji hebbt seggt:
Bellien, de Verrader un all' sien Geslecht. —

Do güng de Leopard hendaal
Daar Bruun un Isegrim legen in Qual,
Se legen bünnen un würren löst.
He spröök: Ik breng' ju goden Tröst,
Daarto des Königs fast Geleide.
Verstaat mi recht, ji Heeren beide:
Hett mien Heer gegen ju mißdaan,
Dat is em leed, do't wol verstaan.
He will, dat ji tofreden sien
Un empfangen tor Suun den Rambuck Bellien,
Daarto sien Geslecht bett upn jüngsten Dag.
Neemt daarvun soveel as ju behaag'
Un tastet be an ahne allet Geld,
Is't inn Walde of up dat Feld.
Noch gifft daarto mines Heern Gnaden
Reinke, de ju hett verraden.
Den möög ji ahne alle Klage
Verfolgen bett ann jüngsten Dage.
Reinke, sien Wief un alle sine Frünn'
Waar ji se findt un waar se ook sünn.
Ene sehr kostelke Freiheit is ditt,
De ju to seggen de König mi heet.
De will he holen königlik
Un sine Nakoomlinge ewiglik.
Ji möt't nu vergeten alle Schuld
Un schwören em faste jue Huld,
Ditt mög ji doon mit grote Ehr',
He mißdeit gegen ju nümmermehr.
Neemt ditt an, ik rade daarto. —
De Suun keem ook to Stann' also,

Daarvöör müsst laten Bellien den Hals
Un sien Geslechte Alles un Alls.
So warrt dat Geslecht Belliens
Alle Dag' noch verfolgt vun Isegrims.
De Tweedracht würr also begünnt
Un foortsett bett up düsse Stünd'.
Un Schape un Lammer ook nich schoont
Un de Tweedracht nümmermehr versöhnt. —
De König leet verlängen den Hof
Twölf Dage, um noch mehr Loff
Isegrim antodoon un ook Bruun,
So blide was he öwer den Suun.

Hier endigt dat eerste Book vun Reineke, den Voß.

Hier begünnt dat anner Book vun Reineke, den Voß.

De König will, dat to Hove wi kamen,
Nu laat us man maken, dat wi henkaamt tosamen.
Reineke helpt nich mehr sine Künst,
He 's heel un dall in des Königs Ungünst.
Mit alle Mann will wi öwer em klagen,
He schall sik wahrhaftigen Gott noch verjagen;
Wenn wi man eerst to Hove sünd kamen.
Verdeent hett he 't lang an us Allen tosamen,
An us nich alleen, ook an all' use Kinder.
Jüm Allen bereiden dä he veel Hinder.
Use Eier un Jungen hett nümmer he spaart,
Daarvöör deit vundag' he en quade Fahrt.
Ja, wi Alle willen setten de beste Foot vöör,
Dat vöör Schaam un Schann' em verschütt sine Klöör
Öwer sine Loosheit un falske Streken
Waarmit he us Dag vöör Dag hett besleken.
Ja, harr wi fröher tosamen so daan,
Dann harr 't al lange slecht em gaan.
Et is un blifft en ehrlose Deef
Un hangt em de König, so is 't us leef.

Ja, is ook Reinke en listige Hund
Sien Stand will wi klaar em wol maken tor Stund.
De Schaden de he us hett andaan,
Daarvöör sien Recht schall he empfahn.
Ja, de König sien Ordeel al hett ünnerschreven:
Reinke schall nu nich länger mehr leven.
Up em fallt nu alle Schann' vereent,
De he faken noog ook hett verdeent.

Dat eerste Capittel.

As se bi Hove All' wasn ankamen
Vun wiet un siet mit eenander tosamen,
Un alle Dinge wasn wol bestellt
Fünn ünner jüm man wol mennigeen Held.
De Deere weren daar nich alleen,
Man ook vele Vagels, groot un kleen.
Dok was daar kamen mennigeen Heer
To Isegrims un Brunens Ehr'.
Daar was veel Freide un Fest' öwer Fest'
Un Bliedskup was daar up't Allerbest',
De ooit man sehn noch harr vun Deeren.
Man danzde den Hofdanz mit Maneeren
Na Trummen un na Schallmeien.
Bannig schullen Alle sik freien:
So wull et de König na sinen Befehl,
Se schüllen daar holen, Sang, Danz un ook Speel.

Veel Vagels, un Deere ook mennigeen Paar,
De leten ook lang sik nich nögen vöorwahr,
Un reisden to Hove bi Dag un bi Nacht.
Bloot Reinke, de Voß, leeg still up sien Wacht.
De falske Pilger un lose Wicht
Den düchte to Hof to gaan weer nich sien Plicht;
He bruukde all' sine olen Spele
Nich een Fründ harr he twusken all' de vele. —
To Hove hör man veel nien Sang,
Hüpig to eten gevt 't daar un ook Drank,
Man seeg daar ringen un ook sechten
Un wa Idereen keem mit sine Geslechten.
Een Deel danzde, een Deel süng,
Fleiten un Trummen, de güngen, dat 't klüng.
De König seeg to vun sinen Saal,
Em haagde sehr wol dat grote Schanndaal. —
Do acht Dage um vun de Festen al weren,
Seet de König ins mit all' sine Heeren
An sien Tafel, waaran he wull eten.
Een Kanienken güng vöör em staan, as he geten
Mit sine Fru, de Königin,
Un spröök mit sehr bedröösten Sinn:
Hehrer König, Heer! un ji all' de hier sünd
Erbarmt ju miner, mine Klage begünnt:
Ik meene, selden hett man wol al hört
Vun so en Verrath as mi is gebört,
Vun so en Moord, as Reinke begünnde
Güstern Mörgen an mi tor sössten Stünde.
Reineke seet do vöör sien Huus,
Vöör sine Börg to Malepertus.

Ik dacht in Freden vöörbi em to gaan,
Ik seeg em daar asn Pilger staan.
Mi düchte, dat he sien Seegen lees,
Ditt maakde mi drister as sünst ik was.
Wull ik kamen to Hof in Ehren
Müsste ik düsse Strate passeeren.
Do he mi nu so harr vernamen,
Begünnde he mi neger to kamen.
Ik dacht, he kümmt di fründelk entgegen;
He awer greep an mi ganz verwegen.
Un slöög mi twusken beide Ohren,
Ik meen, ik harr mien Verstand verloren.
Lang un scharp sine Klauen weren
Waarmit he mi smeet anr Eren.
Gott alleen weet ik et Dank,
Dat ik wegkeem uut sinen Dwang.
Dat ik uut sine Poten keem;
He was heel grimmig antosehn
Do he mi nich beholen dä.
Ik sweeg un klaagde nich mien Weh.
't müsst Een vun miene Ohren em laten
Un in mien Kopp heff 'k veer grote Gaten.
Hier köön ji mien Ungemack noch sehn,
Dat he mi slöög mitr Klauen een.
Binah was ik bleven doot,
Hehrer, laat ju erbarm mine Noth.
Wer isr, de noch döör de Heide mag gaan
Wenn so gegen ju Geleide warrt daan,
Un Reineke so de Strate beleggt? —
Do dat Kanienken ditt harr seggt,

Neem Markenau, de Kreie dat Woort
Un spröök to den König also foort:
Hehrer König, gnädige Heer,
Ik breng' ju jammerlike Mär,
Böör Angst kann ik noch veel nich spreken,
Mi will noch schier dat Harte breken,
Is jammerlik wol nich dat Ding? —
Bunmörgen do ik utegüng,
Mit Scharpenebbe, mien godet Wief,
Do leeg daar, asn bode Ketief,
Reinke, de Voß, upn Weg inr Heide
Un harr verdreit sine Ogen beide.
De Tunge hüng em uutn Munde
As man 't wol hett bi'n doden Hunde.
De Mund stünn wiet un siet em open,
Böör Angst begünnde ik to ropen.
Je mehr ik reep, je stiller he lagg
Wa faken ik spröök ook: O, Weh un Ach!
He röögde sik nich, ja he was doot.
Ik dröög daaröwer Trur so groot,
Beklaagde em mit mine Fru
Un harr nich Rast un harr nich Ruh.
Ik jammerde mehr as mennigeen denkt,
Up Buuk un Kopp mine Hänn' ik harr senkt.
Mien Wief, de keek em na dat Kinn
Of daar nich noch een Teken weer in
Sun Leben, groot of kleen;
Man he was doot un leeg asn Steen.
Daarup künn beide wi wol swören.
Wa se is fahrn, dat mög ji nu hören:

Do se in Sörgen so bi em stund
Un er Kopp heel an sien Mund,
Mark wol he, dat se nich höden sik dä,
Un greep se an, dat se blörr up Stä.
He splcet er af den Kopp sofoort,
Dat ik mi verschrück öwer düssen Moord.
Ik schreide luut: Owie, Owie!
Do schoot he up un snau na mi;
Man ik entflöög em vöör Angst un Noth,
Anners weer daar ik bleben ook doot.
So naue was et, dat ik entkeem,
Uppen Boom de Flücht ik neem
Un seeg vun Feern, wa düsse Ketief
Stünn un eet mien godet Wief.
He was so hung'rig, so düchte mi do,
Harr he noch twee hatt, he eet se daarto.
He leet nix na, weer Knaken noch Been!
Do düsse Jammer ik harr sehn
Un dat he nix harr öwerlaten,
Un as he wegleep sine Straten;
Flöög ik daar hen, wol was et mi to weddern
Un söchte up noch enige Feddern
Bun mien Wief, vun Scharpenebbe,
De ik hier un bi mi hebbe
Um se to wiesen juer Gnaden.
Laat ju erbarm düsse grote Schaden!
Hehrer! Gev ji up düsse Sake nich Acht,
Un latet se hengaan unbedacht,
Dat so ju Geleide warrt braken,
Ji warrt warrn sehr daarüm verspraken.

Man spreckt: „De is schülbig mit anr Daad
De nich strafet de Missedaad."
Un: „Idereen will wesen dann Heer."
Ditt weer to nah juer forstliken Ehr'.

Dat tweede Capittel.

Do Kanienken un Kreie also harrn spraken
Un vöörbracht erer beider Saken;
As se ere Klage so harrn vermellt
Würr Nobel, de König, bannig vergrellt.
He spröök in Torn: Bi miner Tru,
De schüldig bün if miner Fru,
If will ditt Quade bestraffen furchtbar,
Dat man spreckt daaröwer menniget Jahr.
Dürsst breken man so mien Geleide, Gebott?
Dat keem wol, dat if was so sott
Un hebbe laten den Schalk vun Boß
So willig gaan un laten los;
Dat if sine Lägen so lövde,
Waarmit he mi so listig övde,
Maken dä if en Pilger vun em
Gaan schull he na Jerusalem.
Wat bünn he mi nich uppe Mau!
Man de Schuld alleen harr mine Frau.
Doch bün if 't seker nich alleen,
De vun Fruen Rade Schaden neem.

Late ik Reinke länger betämen,
Wi Alle müßten dann us schämen.
He is un blifft en Bedreeger doch,
So was he vöörn Jahr, so is he noch. —
Ji Heeren denkt daarup mit Fliet
Wa wi em kriegt in en korte Tied.
He kann us nümmermehr entgaan,
Wenn wi dat eernsthaft griepen an.

Dat dritte Capittel.

Isegrim sowol as Bruun
Wasn in allerbeste Luun'.
So wol behaagde jüm de Sprake,
De de König föhrde öwer de Sake.
Se hoopden Beide an Reinke to doon,
Wat verdeent he harr an jüm as Lohn.
Se dürßen daaröwer nich spreken een Woort,
Verstöört was de König sehr öwer den Moord,
Un was sehr tornig in all sien Sinn.
Tolest spröök do de Königin:
Ik bidde ju König, gnädige Heer,
Tornet ju doch nich so sehr!
Dok schull ji nich so lichte sweren
Updat ji holen dä't Macht un Ehren.
Noch weet ji nich wahrhaftig de Sake,
Dok hör' ji noch nich de Weddersprake.

Weer Reineke un hier tor Städe,
Veellicht weer hier wol nümmer de Rede
Bun De, de nu klagt öwer em,
„Audi alteram partem!"
„De klaget faken, de fülwen mißdeit."
If heel Reinke vöör wies un gescheit
Böörn Achterklapp dä ik mi nich höden,
Drum hülp ik em un leet em nich blöden.
Dat dä ik Hehrer! to juer Nütte,
Is ook anners nu kamen Ditte.
Is he good of is he quad? —
Wies un klook is he vun Rath.
Daarto ook vun en groot Geslecht;
Bedenket hierum, Hehrer! ju recht,
Dat ji in Torn nich schadet juer Ehre!
Ji fünd öwer all' düsse Lanne een Heere!
Reineke kann vöör ju nich bliven,
Will ji em fangen of entliven,
Na ju Ordeel möt warren daan. —
Do spröök de Leopard foortan:
Hehrer! dat kann ju nargens schaden,
Laat ji Reineke to Wöre laden.
Wat schad't et, dat ji em hört eerst spreken?
Ji köönt em dennoch maken ju'n Reken.
Daarum folgt juer Fruen Rath
Un ook de der Heeren, de hier staat. —
Isegrim spröök: Dat kann nich schaden,
Dat wi to'n Besten helpen raden.
Heer Leopard hört mine Rede:
Weer Reineke ook hier tor Städe

Un künn be vun de Sake sik maken frie.
De up em seggen düsse Twee;
Ik will ene Sake brengen noch
Waarvöör he den Galgen verdeent hett doch.
Ik will daarüm so lange still swigen
Bett dat wi em ins wedder kriegen.
Dann hett he baben alle dat
Den König verspraken enen Schatt,
De leeg to Husterlo bi Krekelpütt,
Dat een grötter Lägen noch is as ditt.
He hett us bannig veel vöörlagen,
He hett us Alle daarto bedragen!
Bruun hett he schändet un ook mi.
Mien Lief will 't setten wol daarbi,
Dat he nümmer noch de Wahrheit sä;
Nu rowt un moord't upr Heide he.
Wat den König un ju dünket good,
Da's billig, dat wi also do't.
Man was et sien Wille hier to kamen,
He keem, de Märe hett lang he vernamen
Uut des Königs Hof vun sine Baden. —
Do spröök de König: Wat is 't vun Noden,
Dat wi Alle noch länger up em doon wachten?
Ik gebeede: Ji schöölt ju wappnen mit Machten
Un folgen vundag' mi öwer söss Dage,
Ik will en Enn' hebben inr Klage.
Wat dünket ju vun den fulen Wicht,
Kann he nich maken een Land tonicht? —
So good as ji köönt so maakt ju klaar,
Neemt Harnisch, Speet un Bogen vöörwahr,

Dok Dunnerbüssen, Polleren un Barden daarbi
Un wachtet een Beten dann up mi,
Of ik juer wücke to Ridders do' slaan,
Dat de mit Ehren drägen den Naam! —
Wi willen hen vöör Malepertus
Un sehn wat Reinke hett in Huus. —
Se antwoorden den König Alle: Ja!
Wann ji befehlt so folgen wi na. —

Dat veerde Capittel.

As düsse Rath also was sloten,
Dat de König un sine Genoten
Wullen teen vöör Reinkes Huus,
Vöör dat Slott Malepertus;
Leep Grimbart, de mit seet inn Rade
So hastig as he künn un drade
Na Reinkes Slott, em to berichten
Wat se öwer em däen besluten un slichten.
He beklaagde em un spröök so faken:
Och, Reinke-Ohm, nu will't sik maken!
Du büst dat Haupt vun use Geslecht,
Wi mögt di wol beklagen mit Recht;
Dewiel, wann du vöör us plegst spreken
So dä us nümmer wat gebreken:
Dien Infälle sünd so fein uutdacht!
So lamenteer he, 't was en Pracht.

As he to Malepertus keem an
Fünn he Reinke buten staan.
Jüngen harr he twee Duven, jung,
De harren maakt den eersten Sprung
Uut er Neest, se künnen nich fleegen
Un füllen, do anr Ere se legen;
Wiel ere Feddern noch weren to kort,
Reinke seeg ditt un greep se sofoort.
Faken so uppe Jagd he leeg.
Den Greving he süß kamen seeg.
He keem em tovöör un spröök em an:
Willkamen Vedder vöör mennigen Mann,
Den ik in mien Geslechte weet,
Wa hei lopen, ji hebbt dat Sweet!
Seggt, wat hei Nies vernamen? —
Grimbaart spröök do: ik bün kamen,
Dat 'k ju brenge ower Dinge Bericht,
De sünd heel quad un nich ganz licht.
Lief un Good is all verloren,
De König sülwen hett et sworen;
He will ju laten schändelk boden
Un hett sien heelet Heer upboden
Hier to wesen na söss Dagen,
Mit Bogen un Swerdt, mit Büssen un Wagen:
Se alle raden to juen Schaden! —
Hier mög ji fört ju up beraden;
Wiel Isegrim un Bruun sünd nu,
Bi'n König beter an, dann ik bi ju.
All wat se willen, dat warrt daan,
Isegrim hett geben em to verstaan,

Dat ji en Möörner un Röwer sied,
He dreggt up ju so groten Nied.
He warrt Marschalk noch ehr as Mai.
Dok hett dat Kanienken un de Krei
Öwer ju sik bannig beklagt,
Dat Sörge vöör ju Leben mi plagt,
Is 't dat ju de König kriggt. —
Schiet! spröök Reinke, is dat ju Bericht?
De is wol keene Bohne weerth.
Sünn ji daarvun so sehr verfährt?
Al harr de König sworen noch mehr,
Mit em sien Rath, de um em weer;
Wenn ik mi sülm Rath will geben,
Warr ik noch baben se Alle verheben.
Se mögen Rath holen veel ahne mi,
Ik bün dat Haupt, waaröwer't ook si.
Laat fahren de Grillen, Bedder leeve!
Kaam binnen un seht, wat ik ju geve:
Een paar Duven, jung un fett,
Dat is en Spise, de smeckt so nett;
Dewiel se sünd licht to verdauen,
Man kann se sluken sünner kauen
Un ere Knaakjes smeckt so sööt:
Half as Melk un half as Bloot!
Ik ete geern so lichte Spiese,
Mien Wief hollt ook de sülwe Wiese.
Kaam in, se warrt us wol empfahn;
Man gevt er jo nich to verstaan
Wat vun de Sake, de hollt verborgen,
Se sinkt glick alto deep in Sorgen.

9

In kleene Saken süht se Gefahr,
Se is vun Harten alto swaar. —
Mörgen will wi to Hove gaan.
Leeve Ohm, will ji mi ook bistaan
As een Ohm den annern deit?
Grimbart spröök: Lief un Good, ditt alle Beid'
Steit to ju Behoof mit Flict. —
Reinke spröök: Ik dank ju alletied!
Mag ik leben, 't schall ju framen. —
Grimbaart spröök: Ohm, ji mögt driest kamen
Vöör de Heeren um juc Sake,
Ju to verantwoorden mit goden Gemacke;
Wiel, de Leopard spröök düsse Rath,
Dat Nüms ju ehr schall andoon Quad,
Ehr ji sülwen jue Wöre daar
Spraken hebbt ganz apenbaar.
Ditt sülwe spröök ook de Königin;
Neemt ditt mit in juen Sinn.
Reinke spröök: Wat schadet mi dann?
Treckt ook de König gegen mi 'ran!
Ik hope et schall mi wol noch framen,
Mag ik mit em to Sprake kamen.
Daarmit Reinke na binnen güng,
Sien Wief se beide wol empfüng.
De Spiese dä se gau bereiden,
De Duven de Reinke füng upr Heiden.
Idereen sien Deel ook daarvun att,
Waarvun se würren man half satt.
Weren daar Duven mehr noch west,
Ider harr twee wol noch namen vöört Mest.

Dat sevde Capittel.

Do sprööt Reinete to Grimbaart:
Seht Ohm, ditt is de rechte Art!
Wa dünkt ju öwer de Kinder mien?
Hier is Rossel un Reinardien.
Se schöölt wol use Geslecht vermehren,
Se begünnt sik al alleen to nähren:
De Ene fangt en Hohn, de Anner en Küken,
Se verstaat ook fein int Water düken.
Na Kiwiten un na Aanten behännde
It mücht se woll fak'ner uppe Jagd uutsenden.
Eerst will it se awer kloof daarup maken,
Dat se in keene Stricke raken,
Sik wise höden vöör Jägers un Hünne;
Wenn se düsse Künst eerst wol hebbt inne;
Dann heff it se upt Beste versehn;
Se köönt getrost to Felde teen.
Dann schöölt se use Lüst noch faken
Köhlen mit mennigeen Puulknaken.
Se slächten beide na mi sehr veel,
In Eernst artet uut licht er Speel,
Un den se neemt uppe Witterung,
Den gewinnt se af licht den Vöörsprung,
Un bitet af so Vele dann de Kehle:
Ditt is de Wise vun Reinetes Speele.
Er gripen geit ook mit hastiger Fahrt:
Ditt dünket mi is de rechte Art. —

Grimbaart sprook: Et is en Staat!
Idereen mag sik freien öwer dat
De Kinder hett na sinen Sinn,
Jue slögen vöörtrefflich in.
Ik frei mi sehr, ja up mien Eed!
Dat ik se in mien Geslechte weet. —
Ditt will wi nu süß laten staan
Sprook Reinke, un willen slapen gaan,
Ji sünd möd', Grimbaart, mien Fründ!
So güngen se slapen tor sülwen Stünd,
Upn Saal henup, dat Hau leeg paraat,
Reinke, sien Wief un alle Maat.
Reinke sien Angst was awer groot,
Goden Rath, dacht he, deit mi Noth.
So leeg he in Gedanken un Sörgen,
Bett an den hellen, lechten Mörgen;
Dann sprook he to sien Wief also:
Fru wes't nich unkloof sä he do,
Grimbaart gev mi to verstaan,
Dat 'k mit em mööt to Hove gaan.
Gevt ju daarower still tofre
Un wenn ju Een vun mi wat sä;
Dann kehrt dat Alle in dat Beste
Un wol verwahret use Beste. —
Se antwoorde em un sprook also:
Reinke, wat nödigt ju daarto?
Dat is jo een selsen Ding,
Vergeet ji, wa't ju lest daar güng? —
Reinke sprook: Et is jümmer wahr,
Ik was do sülfst in groot Gefahr,

Etlike wern mi nich sehr hold;
Doch, dat Aventür is mannigfolt.
Et geit nich selsen buten gissen:
De 't meent to hebben, mööt et missen.
Ik mööt jümmer daar wesen nu
Wes't tofreden, ik bidde ju!
Öwer mi bruuk ji nich drägen Angst,
Ik kaam wedder upt allerlangst
Binnen fev Dagen, is't dat ik kann,
Mit düsse Wör' güngen se vundann.

Dat sösste Capittel.

Reineke un Grimbaart beide
Güngen tosamen öwer de Heide
Na des Königs Slott, de rechte Strate.
Et mag mi schaden of kamen to Bate
Spröök Reinke. Veellicht et mi slümpt,
Dat mi de Reise to Nütten kümmt;
Doch leeve Ohm! Höret mi nu:
Siet lest as ik bichten dä gegen ju,
Heff Sünden daan ik groot un kleen
Un mi wol faken ook versehn.
Laat et ju seggen in düsser Stund,
Ik was et, de Bruun ene grote Wund
Sni'en leet in Fell un Lief.
Ik leet den Wulf ook un sien Wief

De Schoh vun ere Föte fillen
Um daardöör minen Haß to stillen.
Döör mine List un Leegen et kamm,
Dat jüm de König würr so gramm.
Ik bedröög den König un föhrde em an
Mehr, dann ik nu seggen kann.
Fünsk snackte ik em vöör vun en Schatt,
Et düürt wol noch en Beten ehr he den hatt.
Lampe neem ik Lief un Leben,
Statt Breve dä Bellien den Kopp ik geben,
Waardöör he föll in des Königs Torn.
Ik duuvde 't Kanienken so twusken de Ohr'n,
Dat ik binah' dat Leben em neem,
Et dä mi leed, dat weg et mi keem.
Noch will ik seggen tweerlei:
Mit Recht klagt öwer mi de Krei.
Ik eet sien Wief, Fru Scharpenebbe.
Dat is 't wat ik bedreven hebbe
Siet de Tied as tolest ik bicht;
Noch heff een Ding ik utericht.
Dat ik bald heel un vall vergeten,
Leeve Ohm, ook dat schööl ji noch weten,
Un will ju seggen man vöörher
Et was en Scheniestreich, minn of mehr.
Ik wull nich geern dat mi datsulve
Passeerde, dat ik dä ann Wulve.
Et möök sik, dat wi beide ins güngen
Twusken Kackyß un Elverdingen.
Mit er Fahl güng daar ene Mär'
Upr Weide hen un her.

Swart waẞn beide, un veer Maand old
Mügg dat Fahl wol wesen bald.
Isegrim was binah' doot,
Vun Hunger harr he le'en veel Noth.
He bed mi, dat ik fragen schull
Of et de Märe verkopen wull
Er Fahl, un ook wa düür?
So güng ik to er up Aventür.
Ik sä: Ik weet dat ditt Fahl hört ju,
Will ji et verkopen? so seggt et mi Fru.
Se spröök: Ja! Ik verkoop et um Staat,
De Summe steit, waarvöör ik et laat
Hier achter ünner mien Föte schreven.
Vöör düsse Summe will ik et geven.
Will ji tosehn, ik laat et ju lesen.
Do höörde ik wol, waar se wull wesen.
Ne, Fru, so spröök ik foortan
Wedder lesen noch schriven ik kann.
Ju Kind ik nümmermehr begehre,
Man Isegrim wüßt geern wa 't drüm were,
De hett mi sunden heer to ju. —
Do spröök se, so lat't em kamen nu,
Dat ik daaröwer klook em make.
Do bracht ik Isegrim Bericht öwer de Sake.
Ik spröök: Willt ji ju eten satt?
De Märe seggt un entbütt ju dat:
Dat Geld ünner er Foot steit schreven
Waarvöör se ju dat Fahl will geven.
Se wull mi't hebben lesen laten;
Man wat schull mi dat wol baten?

Wiel ik vun keene Schrift wat weet,
Daaröwer ik faken lide Verdreet.
Ohm, seht, of ji ditt köönt wol lesen? —
Isegrim spröök: Wat schull dat wesen
Dat ik nich künn lesen? Wat et ook si:
Dütsch, welsch, latien ook französch daarbi.
Heff ik in Erfurt doch gaan inr Scholen!
Ook heff ik mit de wiesen Olen,
As ook mit de Mesters vunr Audienzien
Disputeert un stellt Sentenzien.
Licentiat was ik int Recht.
Wat vöörn Schrift man ook to hebben plegt,
Ik kann se lesen so guod as mien Naam:
Daar sacht ik ook mit to Stanne kaam.
Ik will gaan un de Schrift besehn,
Laat de Tied ju lang nich warrn alleen. —
So güng he hen un fröög er even
Waarvöör se em dat Fahl wull geven?
Na nausten Pries he fragen dä.
Hier steit dat Geld tohoop se sä,
Schreven ünner mien Achterfoot.
Laat sehn, sä he. Spröök se: Ik do't.
Se böörde den Foot up baben dat Gras,
De nie mit en Iser beslagen was
Döör söss Nagels, un slöög wisse
Un röök ook nich ganz misse.
Vöörn Kopp slöög se em, dat he störten dä,
Vun Sinnen was un keen Kickwoort sä.
Lange leeg he vöör doot anr Eer,
Un as he sik verhaalde we'er

Versloten was en gode Stünne,
De Märe neide uut geswinne
Un leet em liggen daar verwund't,
He leeg un huulde asn Hund.
Ik güng to em un heet em vun Heer
Un fröög em: Waar is hen de Mär'?
Sünn ji vun dat Fahl ook satt?
Waarum spaarde ji mi nich wat?
Daar ik ju doch de Böskup dä!
Hei up de Mahltied al slapen, he?
Wat was vöörn Schrift daar ünner de Foot?
Ju Wiesheit in düsse Dingen is groot! —
Och Reinke! spottet nich, spröök he,
Fahrn bün ik asn arm Wicht, o weh!
Dat künn erbarm wol een Steen.
De Hore mit dat lange Been!
Mit en Iser was er Foot beslaan,
Schrift was 't nich, de daar ünner dä staan.
Mit de Nagels de daar utestünnen,
Slöög se mi söss grote Wunnen. —
Sien Leben beheel Isegrim naue noch man.
Seht Vedder! 't hef vertellt ju hiermit dann
All wat ik weet vun mine Missedaan;
Et it misselk! wa warrt et mi gaan
To Hove? — Bün ik noch nich buten Gefahr,
Un daartó mit mine Sünnen klaar? —
Ik will mi ja geern na juen Rath
Vetern, un kamen wedder to Gnad'.

Dat sevende Capittel.

Grimbaart spröök: Ju Sünnen sünd groot,
De doot is, de mööt bliven doot!
Et weer wol goob, dä'n se noch leven;
Doch ditt, Ohm, will ik ju vergeven,
Um de Angst un um de Noth
Dewiel se ook tracht hefft na juen Dood:
Hier will ik ju absolveeren van.
Dat Meiste, dat ju hinnern kann
Is Lampes Kopp un Lampes Dood.
Ju Dristigkeit, de was sehr groot,
Dat ji den König hefft schickt den Kopp,
Dat schall ju mehr scha'n, as ji rekent daarop. —
Ne, schiet, spröök Reinke: Nich een Haar!
Ohm ik segg ju et vöörwahr:
De, de döör de Welt schall fahren
Kann sik nich so hillig bewahren
As de, de in een Kloster hört.
Ik würr vun Lampe sehr beköört,
He sprüng vöör mi un was so fett:
So würr de Leefde bi Side sett.
Vellicht was ik veel Goods nich günnen,
Se hebbt den Schaden, ik dreeg de Sünnen. —
Se sünd eendeels so recht ook plümp,
In alle Saken so groff un stümp.
Ik schull mi veel mit jüm afplagen?
Dat leeg as'n Steen mi inn Magen;

Wiel ik mit Angst keem utn Hof.
Ik ünnerwees se; de Dummheit was to groff! —
Ik schall wol leef hebben mines Gliken,
Bun düsse Wahrheit schull nümmer man wiken.
Ik achtede se do nich sehr groot;
Doch de doot is, de mööt bliven doot!
So spröök ji sülm noch kört vöörheer,
Laat us daarvun nich spreken mehr. —
Et is nu ene gefährliche Tied!
De Prälaten us vöörgaat mit Haat un Nied.
Ditt seh wi Annern, groot un kleen,
Un do't as wi bi jüm hefft sehn.
Waar is noch Een, de dat nich glovt,
Dat de König so good as alle rowt?
Ja, is 't dat he et nich nimmt sulwen,
Lett he et halen döör Bären un Wulwen.
He meent, he deit dat all mit Recht;
Wiel Keener em de Wahrheit seggt.
Nich 'mal sien Bichtvader noch de Caplan
Spreken to em: Et is övel daan!
Waarum? — Et kümmt jüm mit to Geneet
Un weer et ook man to een Kleed.
Wull ins Jmand kamen un klagen,
Ja, de künn lopen un sik afjagen,
He verspillde man unnütt sine Tied,
Wat 'n em namen, dat is he quiet.
Up sine Klage warrt ook nich veel daan,
Keen Woort dürt he spreken, daarmit kann he gaan;
Wiel he sik wol is stets indächtig,
Dat em de König is to mächtig. —

De Löwe nu is use Heer,
De hollt et vöör 'ne grote Ehr'
To rapen wat he rapen kann,
Un spreckt: Ji All' sünd mine Mann!
Da's noch keene grote Eddelheit,
Dat de Ünnerdanen he Schaden deit.
Seht, Ohm, wenn ik 't so man seggen dürsst:
De König schall sien en eddel Fürst;
Man he hett leef den, de 'm veel bringt
Un de so danzt as he vöörsingt. —
Et is doch nu wol heel un dall klaar,
Dat, nu de Wulf un ook de Bär
Wedder mit den König gaat to raden,
Dat ditt noch mennigeen deit Schaden. —
Se hefft eenmal den Gloven:
Se köönt Veel stehlen un rowen;
Wiel Alle daaröwer stille swiegt
Un 't all eens is, wa se et friegt;
So hett de Löwe, use Heer,
Düsser mehr bi sik denn veer.
De staat nu sehr bi em in Loff
Un sünd de Grötsten in sien Hof.
Nimmt de arm' Mann Reinke, man een Hohn,
Dann willt se Alle em gliek wat doon;
Dann willt se Alle em söken un fangen,
Ja, dann ropen se Alle: man schall em hangen!
De kleenen Deve hangt man, asn seggt,
De groten hebbt een grotet Recht.
Jüm deit schütten Börg un Land,
Seht, Ohm, so is et mi bekannt,

Un wenn 't mi faken schütt inn Sinn:
So denk' ik bloot up mien Gewinn,
Ik denke faken, et is so recht;
Wiel mennigeen to doon so plegt.
Doch faken seggt mi mien Geweeten;
Wenn gode Gedanken mi do't bemöten:
Dat en unrecht Good, wa kleen 't ook is
Man wedder geben mööt, da 's wiß!
Dann fall ik denn in grote Reu,
Man 't dürt nich lang, 't is eenerlei,
Seh ik, wa't de Prälaten driven;
Dann kann 'k upn goden Weg nich bliven.
Wol sünd ook veele ünner de Tall,
De Gerechtigkeit övet öwerall.
Dat Beste weer't wol, künn 'k mi öwerwinnen,
Dat 'k nafolgde De mit all mien Sinnen.

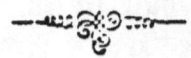

Dat achte Capittel.

Seht Grimbart-Ohm spröök Reinke foortan:
De nu so döör de Welt mööt gaan,
Un süht also der Prälaten Staat,
Dat een Deel is good un een Deel is quad,
De fallt in Sünne, ehr he et weet,
Wenn he dat Böse gewähren leet. —

Vele Prälaten fünd good un gerecht,
Un blivt daarüm nich unbeseggt
Vun dat Volk in düsse Dagen
De na't Quade uutgaat to fragen
Un't Vöörbild daarbi verget't nich vöörwahr,
Ditt maakt et noch gröter, dat is klaar:
Dat Volk nu ook verdürven is
Daarüm geit't faken so, da's wiß!
Dat vele daarüm nu nich sünd weerdig
Heeren to hebben good un rechtfeerdig.
Dat Quade se faken sprefen un singen;
Man wet't se wat vun gobe Dingen,
Vun wücke Heeren, groot of kleen,
Dat warrt verswegen int Gemeen.
Nich spreekt se dat so drab öwerluut.
Wa kann't nu wesen in de Welt wol gut?
De Welt is vull vun Achterklapperie,
Vull Lögens, vull Untru, vull Deverie,
Verrath, falsfe Eeden, Row un Moord,
Waarvun man nu ganz vele hört.
Falsfe Frömmler un falsfe Propheten
Ja, de föhrt de Welt an ahne Geweeten. —
Dat Volk süht der Prälaten Staat,
Er Good un ook togliek er Quad,
De Goden folgt se nich, de Quaden,
De ere Quadheit sülfst meist verraden.
Warrn se straft um ere Sünne;
So spreekt se foorts tor sülwen Stünne:
Use Sünne is nich so swaar,
As de gelehrde Predifanten ere, hier un baar.

Mennig arm Wicht spreckt: Wenn ditt weer so quaad,
Dä wol de Pape nich de sülwe Daad.
Se entschüldigen sik mit de quade Papen,
Un do't so as wol do't de Apen,
De na ook do't, wat se hebbt sehn,
Daarüm ook saken keen Good deit geschehn.
Vele Papen sünd inr Lombardie, da's wahr,
De sik mit Fru'nslüd afgevt, vöörwahr!
Man gifft et de nich in düsset Land,
De ook bedrivt veel Sünne un Schand? —
Kinner kriegt se, so is mi seggt
As annre Minsken in de Ehe plegt.
Se denken denn meist up er Kinner Best
Un brengt se hoch henuut tolest,
Un of se unehlich geboren sünd
Gaat vöör se vöör mennig ehlich Kind.
Se dreegt den Kopp so stolt un uprecht
As of se weern uut en ebbel Geslecht.
De Papen meent sülfst ditt hört 'r so to;
Wiel man ere Kinner deit siehso
Vöörteen un se brengt to Ehren;
Man heet intgemeen se Fruen un Heeren. —
Dat Geld hett nu de Öwerhand!
Man find't wol selden noch een Land,
Daar nich de Papen den Toll do't bören,
Dörpen un Möhlen ünner jüm hören.
Düsse sünd et, de de Welt eerst recht maakt verkehrt;
Wiel se so dat Volk dat Quadeste lehrt
Un so et süht, dat se ook hebbt Wiver
So sündigt se mit jüm desto river.

Een Blinde so den Annern leid't,
Bun Gott afweken sünd alle Beid'.
Nich mit so en grote Fliet
Warrt bemarkt in düsse Tied,
Wat man süht vun gode Warken,
Bun frame Priesters in hillge Karken,
De vele gode Bispillen do't geben
Un wenig sik maakt uut düsset Leben.
Ditt warrt ook nich so brade bemarkt
Un so warrt dat Quade starkt,
Dat nu geschütt int Allgemeen,
Wa kann inr Welt noch Goods geschehn? —
Doch spreek ik foort, will ji et hören:
De so barn is in Unehren,
De dreggt et wol in gode Gedüld,
He is daaran ja keene Schüld.
Man wat ik eegentlik mene, da's ditt:
De so is breng ook Demoth mit
Nich baben Ann're schall he sik reken,
Dat man nich vun em doe spreken:
So as ik vöörheer hebbe seggt.
Spreckt Jmand daan up se, de deit Unrecht,
De Geburt maakt nich unebbel of good;
Man Döögd of Undöögd maakt et bloot. —
Een gode Pape, wol gelehrt,
De is aller Ehren weerth;
Man een Anner vun quadet Leben
Kann vele quade Bispillen geben.
Predigt düsse ook faken dat Beste,
So spreken doch de Laien int Leste:

Wat nützt et, wenn he so predigt un lehrt,
Wenn he sülm is so verkehrt? —
An de Karken deit he sülfst keen Good;
Man to us spreckt he: Leggt uut, et deit Noth,
Buut Karken, Lüden! dat is mien Rath,
So verdeen ji Gnade un Aflaat.
Ja, sien Sermoon slutt he also,
Man sülm leggt he wenig daarto,
Of ook wol nix nich Alles in Allen,
Will ook de Karke daar nedderfallen.
He höllt et awer vöör de Wiese
Schöne Kleere to hebben un leckere Spise.
Bekümmert sik veel um weltliche Dingen,
Wat nützt so En'n wol Beden un Singen? —
Man gode Priesters, de denkt alltied
Wa se Gott mögen deenen mit alle Fliet,
Mit vele hillge, gode Warken;
Düsse sünd nütte der hillgen Karken.
Se gaat de Laien in Goden vöör
Un brengt se in de Himmelsdöör. —
De Bekappten, de ook mit alle Fliet
Biddet un happig sünd alltied,
De sünd ook hiermit to verglifen.
Meist sünd se leever bi de Riken,
Se köönt ere Wöre in List verkleden
Un alto licht sünd se uutbeden.
Nöögt man En'n, so kaamt glick Twee.
To düssen sünd dann noch wol twee of dree
Int Kloster, best vun Worden,
Düsse warrn verhaven in den Orden

10

To Lesemester, Köster, Prior of Gardian,
De Annern möt achteraf dann staan.
So, wenn et gifft wat Goods to eten,
Dann kriegt se man heel smalle Beten.
Se möt daarto des Nachts upstaan,
Singen, lesen un um de Grawen gaan.
De Annern, de besten Stücke du't eten
Un neemt jüm weg de beste Beten. —
Wat spreckt man nich all vun den Papst sine Legaten,
Vun Abten, Probsten un ann're Prälaten,
Jungfrauen, Nonnen un wat se ook sien. —
Se seggen Alle: Gevt nu dat Jue un lat't mi dat Mien'.
Man find't mank teine naue seben,
De recht na eren Orden leben:
So swack is nu de geestelle Staat. —
Do spröök de Greving: Ohm, et is quad,
Dat ji so der Annern Sünne
Vöör mi bicht't in düsser Stünne,
Dat Bichten helpt ju nich een Dreck;
Wenn ji nich bicht't ju eegen Gebreck.
Wat frag ji na de Geistlichkeit,
Wat de Ene of de Ann're deit?
Idereen möt öwer sien eegen Leben
Vöör sien Orden Rede un Antwoort geben,
Wat een Ider belovt of he dat holen,
Et si mank Jungen of mank Olen;
Daar will wi Nemand buten sluten,
Si et in Klosters of daar buten;
Doch Reinke, ji spreekt vun so vele Dingen,
Ji köönt mi daarmit wol in Twifel bringen.

Ji weet alleen wa't in de Welt steit
Upt Nauste, wa't in alle Dingen geit.
Eegentlik schull ji we'n en Pape
Un laten mi un ann're Schape
To ju bichten un vun ju lehren
Daarmit wi müchten tor Wiesheit kehren:
Wi sünd eendeels so stump un groff. —
Hiermit kemen se vöör des Königs Hof.
Do würr Reinke half verzagt;
Doch spröök he noch: Et si gewagt! —

Dat negende Capittel.

Marten, de Ape, harr vernamen,
Dat Reinke wull to Hove kamen.
He wull grade reisen hen na Rom
As he em bemötte, do spröök he: Leewe Ohm!
Hebbt fri enen goden Moth.
He wüsst sine Sake stünn nich heel good;
Doch fragen dä he em na een Stück.
Do spröök Reinke: Mi is dat Glück
In düsse Dagen sehr entgegen.
Ik bün verklaget wol so dägen
Vun etliken Deeve, wer se ook sien,
Vunr Kreie un dat ohrlose Kanien.
De Eene hett sien Wief verloren
De Anner ene vun sine Ohren.

Do' ik man sülfst vöörn König kamen,
Dat schall jüm beide wenig framen.
Dat Meiste wat mi deit Schaden daaran
Is, dat ik bün in Papstes Bann.
De Probst hett in düsse Sake veel Macht
Un steit bi 'n König groot in Acht.
Waarum ik in den Bann nu bün
Is ditt, dat 'k Isegrim gev inn Sinn,
Do he Mönk was worden,
Wegtolopen uut den Orden,
Waarin in Elemar he sik begeben;
He swöör, he künn also nich leben
In sück een hardet, strenget Wesen,
So lange to fasten, so veel to lesen!
Ik hülp em weg, dat reut mi sehr,
Daarvöör deit he mi an Unehr';
He föhrt den König gegen mi an
Un deit mi Quad, al waar he kann.
Schall ik na Rom? — Dat maakt veel Hinner
Mine Fru un mine Kinner;
Wiel Isegrim jüm deit veel Quad
Kriggt he se to faten; he hollt ook Rath
Mit Annern, de mi sünd heel gramm;
Wiel ik jüm int Gehege kamm.
Wüsst ik mi uut den Bann to lösen,
Dat schull en grote Trost mi wesen!
Dann künn ik uprichtig nu mit Gemack
Spreken öwer mine eegen Saak. —
Marten spröök: Reinke, leeve Ohm!
Ik sta upn Sprüng to gaan na Rom.

Ik will ju helpen een schön Stück
Un laten nich up ju den Drück.
Bün ik doch de Biskup sien Klark,
Un versta mi ganz wol up dat Wark.
Ik will den Probst in Rom angeben
Un also gegen em pleiten eben,
As of ji weert unschüllig, Ohm!
Dat brengt ju seker Absolution
Gegen sien Willen, em warrt et sien leed.
In Rom ik wol d'rup to lopen weet.
Dok weet ik wol, wat 'k to laten un boon,
Un wat 'k nich weet, weet mien Ohm Simon,
De mächtig is un sehr verheven,
De helpt geern den, de veel deit geven.
Heer Schalkefund is daar ook en Heer,
Dok Doctor Griepto is daar un noch mehr.
Heer Wendemantel un Heer Losefund,
De alle fünd daar use Frund'.
Ik heff al Geld vöörheer henschickt
Un seker wol is 't, dat Alles glückt.
Ja, faken seggt man vun verklagen,
Dat Geld is 't dat jüm deit behagen.
Al weer de Sake noch so krumm
Mit Geld will ik se kopen um.
De Geld brengt kriggt alltied wol Gnad',
De dat nich hett, de kümmt to spat.
Seht, Ohm! waarum ji fünd inn Bann,
De ganze Sake tee ik nu an,
Ik neem se up mi un ji fünd se quiet,
Gaat fri to Hove, so as ji daar sied.

Mien Wief is daar, Fru Rukenau,
De König hett se leef, se is sehr flau.
Dok hett se leef de Königin;
Wiel se behände is vun Sinn.
Spreekt se an, se schall ju geren
As Fründ willkamen heten un ehren.
Ji find't an er wol Fründskup groot:
To't Recht hett 'n faken Hülpe vunnoth! —
Bi er sünd noch ere Süsters twee
Un ook daarto mine Kinner dree;
Noch veel daarto vun ju Geslecht,
De ju wol bistaat in ju Recht.
Schall ju dann noch keen Recht geschehn,
So köön ji dat int Körte wol sehn.
Gevt mi dat dann jo drade to weten,
Alle, de sünd int Land beseten.
Is 't König, Fru of Kind of Mann
Alle will ik brengen in den Bann,
Un senden een Interdict so swaar,
Daargegen schall nich heemlich noch apenbar
Man Singen, Begraven, Döpen, of wat et ook si,
Vedder, hierup verlatet ju fri! —
De Papst, dat is'n old krank Mann,
He nimmt sik keenes Dings mehr an,
Waarüm man em nich veel mehr acht't;
Un in den Hof hett alle Macht
De Cardinal vun Ungenöge,
Een Mann, jung, mächtig un vull vun Töge.
Ik kenne ene Fru, de hett he leef,
De nu schall em brengen een Breef.

Ik bün mit er sehr wol bekannt
Un wat se will, dat blifft keen Tand.
Sien Schriver heet Johannes Parthie,
De kennt wol ole Münte un nie.
Höörnauto, dat is sien Kumpan,
De steit as Höfling baben an.
Slipen-Wenden is Notar,
Docter beider Rechte upn Haar;
Wenn de noch een Jahr daar blifft,
Warrt he Mester in de Praktikenschrift.
Moneta und Donarius
Sünd twee Richters int sülwe Huus.
Wenn düsse twee seggt: dat is recht;
Dann blifft et so as se hebbt seggt.
So warrt daar mennige List uutföhrt,
De vun den Papst wol nich herröhrt.
De mööt ik holen all' to Frünne,
Döör se vergifft man us de Sünne,
Un löf't dat Volk ook uutn Bann.
Seht, Reinke-Ohm, hier hollt ju an.
De König hett et ook wol al hört,
Dat ik et bün, de ju Sake föhrt,
Un dat ik weet se to bedriven,
Dat ahne Nadeel ji do't bliven.
De König deit bedenken wol recht,
Dat groot is dat Apen- un Voß-Geslecht,
De faken em gevt den besten Rath,
Ditt warrt ju helpen un kamen to Bat'.
Reinke spröök: De Trost is good,
Ik denk et ju wedder, kaam 'k uut düsse Noth.

Hiermit möök Marten sik upt Padd,
Un Reinke un Grimbaart däen ook dat.
Un kemen an in des Königs Hof.
Waar Reinke harr keen groter Loff.

Hier endigt dat anner Book vun Reineke, den Voß.

Hier begünnt dat dritte Book vun Reineke, den Voß.

Dat eerste Capittel.

Reineke keem wedder in den Hof,
Daarin he was verklaget groff.
Vele, de 'm nix Goods weren günnen
Un de em na sien Leben stünnen
De seeg he daar staan, Mann an Mann;
Half twifel he an sien Moth sodann.
Doch tier he sik drister as he weer,
Un güng döör all' de Barone hendöör.
De Greving güng dicht an sien Siet
Süß kemen se Beid' vöörn König tor Tied. —
De Greving spröök: Reineke, Fründ!
Weset nich blöd' in düsser Stünd'.
„Den Blöden is dat Glück stets düür.
Den Dristen helpt dat Aventür,"
Dat mennig mööt söken, hier un daar. —
Reineke spröök: Ji segget wahr.
Ik dank ju vöör den Trost so good
Un denk' et ju wedder entga 'k den Dood.

He seeg sik um wol hier un daar,
Un seeg daar vele mank de Schaar
Vun sine Verwandte, de daar stünnen
De 'm sülfst ook nix Goods weern günnen,
Un bitt dä he ook wol verdeenen
Vun Otters un Bibers, vun Groot un Klenen
Mit de he 't faken na Voßart drev;
Doch weern ook veel daar, de harrn em leef,
De he daar seeg in des Königs Saal.
He kneede nedder tor Ere daal
Vöörn König, un spröök tohand:
Gott, den alle Dinge sünd wol bekannt,
De Alles mächtig blifft, ewiglik
Bewahr' mien Heer, den König, riek
Un mine Fru, de Königin,
Un lenk in Wiesheit eren Sinn
Up recht doon, na Gesetz un Plicht;
Man find't nu mennig falsken Wicht,
Ja vele drägt vun Buten den Schien
Anners as se vun Binnen sien.
Ik wull, dat Gott et nu müch geven,
Dat jüm vöörn Kopp et were schreven
Un mien Heer, de König dat sege;
Denn würr he sehn, dat ik nich leege.
To Deenst stünn ik ju alle Tied
Un dennoch bün 'k döör Haat un Nied
Mit Lagen vöör ju verklagt vun Quaden,
De mi geren müchten schaden
Un mi so brengen um jue Huld
Mit Unrecht un sünner alle Schuld;

Man Hehrer! ik weet, ji sünd gerecht,
Verleiden laat ji ju nich to 't Slecht';
Ji lat't dat Recht vöör ju bestaan,
Ditt hei alltied noch daan.

Dat tweede Capittel.

As een Ider dat vernamen,
Dat Reinke was to Hove kamen,
Heel mennigeen dat vöör een Wunder
Un drüng sik vöör, 't was ganz besunder,
Um to hören sine Sprake
Un wa he verantwoorde sine Sake. —
De König spröök: Reinke, du Bösewicht!
Din' losen Wöre helpt di nich licht.
To faken hest du 't al probeert
Un mi mit Lagen sehr anföhrt,
Mit lose Fünde sehr behände,
Nehmen schall dat mit di en Ende!
Wa tru du mi büst, da's wol to sehn
An de Krei un dat Kanien alleen;
Harr ik anners keene Sake up di,
Ditt weer genoog twusken di un mi.
Din' Undaan kaamt alle Dage mehr uut,
Du büst en Schalk in dine Huud! —
Al sünd dine Fünde falsk un behände
So mööt se doch nehmen ins en Ende;

Ik will nich veel mehr mit di kiwen. —
Reinke dacht: Waar schall 't nu bliven?
Och, weer 't man in een vun mien Börgen:
So sweefde he in Angst un Sörgen.
Harr 'k nu man goden Rath bereit,
Ik mööt hendöör, et ga wa 't geit. —
He spröök: König, Fürst so eddel as groot!
Al heff ik ook verdeent den Dood;
So as ji meent in juen Wahn,
Ji hebbt de Sake nich recht verstaan.
Drum bidde ik ju, ji willt mi hören,
Ik hebbe doch ju hier vunt Vören
Mennig nütten Rath al geven,
Bün in de Noth ook bi ju bleven
Faken; wenn etlike vun ju sünd weken,
De nu sik twusken us beiden steken
In mien Afwesen ahne mine Schuld
Mi to berowen juer Huld.
Eddel König, wenn ik ju de Sake heff seggt,
Finn ji mi dann schüldig: so ga dat Recht!
Hört mine Wöre, heff ik dann Schüld,
So deent mi nix Beters as gode Gedüld.
Veel Goods hei mi wol nich todacht,
Trotzdem ik faken vöör ju heel Wacht
An de Gränzen vun ju Land,
As mennigeen wol hier bekannt.
Meen ji wenn ik mi was bewüßt
Düsser Saken of süß ene List;
Dat ik keem dann to ju inn Hof?
Dat weer doch wol een Beten to groff,

In ju Gegenwoordigheit apenbar,
To gaan mank miner Fiende Schaar:
Nich um ene Welt vun Gold!
Wenn ik nich keem in mien Insolt
Harr dann ik wol laten de Stä, daar 'k was fri?
Ik weet vun keene Sake, wa se ook si! —
Ik was do grade upr Wacht
As Grimbaart, mien Ohm, de Naricht bracht,
Dat ik to Hove nu schull kamen.
Daarup harr gliek ik mi vöörnamen:
Eerst wull ik wesen uut den Bann
Un gev ditt Marten to verstaan.
He belovde mi up Tru un Glöven
Dat he nich mit de Sake wull töven;
He wull ja doch na Rom, so spröök he mi an:
De ganze Sake neem 'k up mi sodann.
Ik rade ju na Hove to gaan,
Ik belov vun 'n Bann ju to entslaan.
Marten gev mi düssen Rath,
Des Biskups vun Ahnegrund Advocat
Is he nu wol an tein Jahr;
So güng wi vun eenander daar.
Ik bün nu kamen hier in den Hof
Un bün vöör ju verklaget groff
Vun dat Kanienken, de Ögeler,
Hier is nu Reinke! He kame heer
Un klage nu hier apenbar.
Ik weet, et is wol nich so klaar
Ere falske Klage, de se aflesen
Hebbt öwer mi in mien Afwesen.

Na Klage un Antwoort schall man richten!
Ik hebbe düsse twee falske Wichten
Good daan bi'r True mien,
An de Krei so wol as ook ant Kanien. —
Ehrgüstern Mörgen dat geschach;
Et was noch fröh un würr eben Dag.
Do güng dat Kanien mien Slott vöörbi,
Ik stünn vöör Döör, he gröte mi.
Mien Mörgenseegen harr begünnt ik to lesen,
Do sä he to mi: 'k mööt to Hove wesen.
Ik spröök: Ga hen, ik befehl di Gott!
He klaagde, he weer hungrieg un möb' allbott.
Ik fraagde of he wull wat eten?
Ja, spröök he, gevet mi en Beten.
Ik spröök: Genoog gev ik di geern;
So haalde ik gode Kassebeern,
Waarup de söte Botter lagg.
Et was just Middewekendag,
An den ik plege keen Fleesk to eten.
Do he sik so harr satt wol eten
In godet Brod, Botter un Fiß,
Do güng mien junge Söhn to Diß
Un wull upbewahren wat öwerblev;
Wiel Kinner hebbt dat Eten leef.
Do he totasten wull tor Stund
Slöög dat Kanien em vöör de Mund,
Dat dat Bloot leep öwer sien Kinn.
Do dat seeg mien anner Söhn Reinardien
Greep he dat Kanien bi de Kehle
Un speelde mit em Niedhardts Speele.

So güng dat to nich mehr nich minder,
Ik leep hento un slöög mine Kinner
Un reet de Beiden wol vuneen,
Kreeg he wat weg, daar mag he na sehn.
He harr ook noch wol mehr verdeent
Wenn ik 't mit em harr övel meent.
Wisse harrn se dat Leben em namen,
Weer ik em nich to Hülpe kamen.
Ditt is nu mien Dank daarvöör
Dat he seggt: Mit een vun sien Ohren güng ik döör.
Wa geern harr he awer wol een Breef,
De rutstreek, wat he bi mi bedrev! —
Seht Heer König, gnädige Heer!
Keem ook de Kreie un klaagde sehr,
Dat he verloren harr sien Wief;
Ik segg ju, se eet den Dood int Lief.
Se was hungrieg, Gott weet wa
Un eet en Fisk un de Greten daarto.
Waar dat passeerde, dat schall he wol weten.
He sprect awer slau, dat ik se doot beten.
Veellicht hett he se sülfst vermoord,
Ik heff wol so wat munkeln hört.
Künn ik em verhörn as ik wol wull
He wol wat Anners seggen schull. —
Wa schull ik er jümmer kamen so nah'?
Se sleegt daar baben, hier ünnen ik ga. —
Will Jmand süß vun unrechte Dingen
Mit gode Tügen up mi wat bringen,
So as 't sik hört vöör'n Eddelmann,
Lat't öwer mi dat Recht gaan dann.

Of willt ji mi dat nich toſtaan?
Set't mi Kamp, Feld un Dag ſodann
As ook een good Mann gegen mi,
De mi lief geboren ſi.
Een Ider ſtrid daar vöör ſien Recht,
De Ehre blifft den, de winnt dat Gefecht.
Ditt Recht hett hier alltied beſtaan.
Hehrer! if will ju ook nich entgaan.
Alle de ditt hören un weren daar
Wunderden ſik öwer Reinke, vöörwahr!
Dat he alſo daar spröök verwegen. —
Kanien un Kreie würrn verlegen,
Se ſpröken beide nich een Wort
Un güngn uutn Hove foort.
Se dachten: Ditt is us nich bequem
Nich köön wi fechten gegen em.
Tügen is he vun us verlangen?
Wi möögt et ſüß of ſo anfangen;
He hett in Worden de Öwerhand;
Wiel uſe Sake is Nüms bekannt
As us alleen. Der was Nüms bi.
Wer will denn tügen vöör mi un di?
Heff wi den Schaden, wi mööt em betalen.
De Döwel mag em un ſien Leegheit halen,
Un geven em een quade Ramp!
He meent mit us to ſlaan en Kamp?
Ne, vöörwahr! dat is keen Rath:
He is falſk, behände, loſ' un quad! —
Ja, weern mit us gegen em ook ſieve
Wi mößten 't betahlen mit den Live.

Dat dritte Capittel.

Isegrim was to Mode weh'
Un ook Bruun, do se de Twee
Segen lopen so vun 'n Landdage.
De König spröök: Hett Imand Klage,
De kame sofoort un laat se us hören,
Ik seeg so Vele hier vunt Bören.
Reinke is hier, waar sünd de nu? —
Hehrer, spröök Reinke, ditt segge ik ju:
Mennig klaget sehr oft un hart,
Seeg he togliek sien Wedderpart
Veellicht de Klage achterbleve.
So do't ook nu de twee losen Deeve,
De Krei un ook dat Kanien,
De mi geern brachten in Schanne of Pien;
Doch, willen se Gnade vun mi begehren,
Ik vergev et jüm vöör düsse Heeren.
Nu ik man vöört Gericht bün kamen,
Hefft se dat Rietuut wol namen
Un truden sik nich hier to bliven,
De slimmen, bösen, losen Ketiven!
Schull man de hören, dat were Schade;
So kreeg et mennig Gode quade,
De ju sünd tru bi Dag un Nacht;
An mi alleen heff 'k heel nich dacht,
De ik unschüldig bün beseggt. —
De König spröök: Hör' mi to recht,

Du untrue, lose, böse Deef!
Wat was et dat di daarto drev,
Dat du Lampe, den truen Degen,
De mine Breve plegde to drägen
Unschüldig namen hest dat Lief? —
Du slimme, lose, böse Ketief!
Alle dine Sünnen ik bi vergaff,
Un leet di geben Ranzel un Staff;
Ik sä di du schullt gaan tohand
Wannern in dat hillge Land,
Na Jerusalem öwer dat Meer,
Bun daar na Rom un wedder heer.
Dittsülwe ik bi alle günnde
Dat betertest du dine Sünde.
Dat Eerste, dat ik kreeg to weten
Was, dat du Lampe harrst doot beten,
Un sülfst de Capellan Bellien
Mösste hiervun dien Bade sien.
He bracht mi den Ranzel of den Sack,
Daarin Lampe sien Kopp instack;
He spröök apenbar vöör düsse Heeren,
Dat in den Ranzel Breve weren,
De he mit Reineke harr schreven,
Waarvun he ook den Sinn uutgeven.
In den Ranzel was nix mehr of minn
As Lampes Kopp, de stöök daarin.
Ditt bä ji beiden mi an to Schand',
Daarum heel ik Bellien as Pand;
He hett mit Recht verlaren sien Lief,
So schall 't di ook gaan, du böse Ketief! —

Reinke spröök: Wa mag dat sien,
Is Lampe doot un ook Bellien?
Weh' mi, dat ik bün geboren,
Ik heff den grötsten Schatt verloren!
Dewiel ik ju sünnd mit düsse Baden
De düürbaarste vun miner Kleenoden,
Nich kann'r een Bet're up Eren sien!
Wer harr wol löövt dat de Ram Bellien
Süß moren würr den goden Mann
Lampe, de was sien eegen Kumpan?
Dat he dat Kleenod ünnerslöge,
Wer hödde sik vöör düsse Töge?
As Reineke noch spröök also,
In sien Gemack de König güng do;
He was vertörnt un sehr gramm
Waardöör he nix vok nich vernamm
Wat Reineke spröök vun de Dingen.
De König dacht em umtobringen,
To doden em mit Schimp un Schann';
As he in sien Gemack fünn staan
Sine Fru, de Königin
Mit Fru Rukenau, de Aapin,
De stünn bi jüm in groten Staat
Ditt keem do Reinke fein to Bat'.
Se was in Wiesheit sehr gelehrt,
Daarvun was se ook hoch geehrt;
Man ehrde se öwerall, waar se kamm.
Do se den König seeg so gramm,
Spröök se: Ik bidde ju, eddel Heer!
Weset doch nich so tornig sehr.

Reinke hört mit to dat Apengeslecht,
He is ja kamen nu do't em Recht.
Sien Vader plegde in juen Love
Groot to wesen hier inn Hove.
Beter as't vun Jsegrim deit heeten
Of Bruun, de nu sünd beseten
Sehr hoch bi ju mit er Geslecht;
Doch, se weeten wenig vun Ordeel un Recht. —
De König spröök: Is dat wol een Wunder,
Dat ik düssen Deef bün ganz besunder,
Dat ik den Reineke bün gramm,
De Lampe körts dat Leben namm
Un bracht Bellien mit inn Danz,
Un maakt sik nu vun de Sake ganz?
Daar haben beit mien Geleide he breken
Hör ji nich, wat vöör Klagen se up em spreken,
Vun Rowen, Nehmen un Deverie,
Vun Moren un ook Verraderie? —
De Aapin spröök: Gnädige Heer!
Reineke warrt belagen sehr;
He is klook in alle Saken,
Drum sünd em vele quad so faken.
Ik weet et wol noch, heer is 't noch nich lange
As hier de Mann keem mit de Slange.
Nüms verstünn do düsse Beiden
To richten, un vun eenander to scheiden;
Man Reineke, de dä't mit Ehren,
Dat ji em priesden vöör all' de Heeren.

Dat veerde Capittel.

As düsse Wöre de König hör
Vun de Aapin, sä he to er:
Dat is mi al half vergeten,
Latet mi de Sake weten.
Et lüstet mi se noch ins to hören,
't weet wol, se was vull vun Haken un Öhren.
Weet ji de, so seggt se heer!
Se spröök: Mit juen Verlöff, mien Heer!
Et is nu twee Jahr as dat geschach,
Dat een Lindwörm keem upn Dag;
Düsse sülwe Slange of Wörm,
To klagen hier mit groten Störm,
Dat em een Mann entgüng na't Recht,
De tweemal em al was toseggt.
Dok was hier gegenwoordig de Mann,
Un also güng de Klage an:
De Slange krööp döör en Gatt,
Daarin een Strick satt
Bi'n Tuun, un blev süß behangen
In dat Strick un was gefangen;
He mösste dat Leben daar hebben laten
Was nich kamen een Mann de sülwe Straten.
De Slange reep: Ik bidde di,
Laat die erbarmen un löse mi. —
De Mann de spröök: Dat do' ik geern,
Wullt du mi beloven un sweren,

Dat du mi nich doon wullt Quad;
Wenn ik di löse uut dien bister Gelaat.
De Slange was bereit daarto
Un swoor mitn hillgen Eed siehso:
Em nümmer to schaden in jenniger Sake.
Do löösde he em uutn Ungemacke.
Se güngen tosamen enen Weg entlang,
De Slange was vun Hunger krank;
He schoot to up den Mann
Un wull em territen un eten dann.
De Mann entsprüng mit nauer Noth
Un sä: Böörwahr, dien Dank is groot!
Dat ik di hülp uut den Verdreet.
Hest du mi nich swaarn en hillgen Eed,
Dat du mi nimmermehr wullst schaden?
De Slange spröök: Ik bün beladen
Mit Hunger, de brengt mi baarto,
Verantwoorden kann ik, wat ik do':
„Lives Noth, de breckt dat Recht!"
As de Slange ditt harr seggt,
Do spröök de Mann: Ik bidde di,
Dat du so lange giffst mi fri
Bett dat wi bi Etlike kamen,
De nich um Schaden of Framen
Recht of Unrecht recht köönt scheiden.
De Slange spröök: Dat gewähr 'k mit Freiden.
Se güngen foort öwern Graven.
Daar bemötte jüm Plückebübel, de Raven
Mit sien Söhn Quäckeler.
De Slange spröök: Kaamt heer!

He sä jüm de ganze Sake hiervan.
De Rave richtede: to eten den Mann,
De dachte daarbi mit an sien Glück,
He harr ook geern hatt een Stück. —
De Slange spröök: Ik heff wunnen,
Nüms kann di mi nu wol mißgunnen. —
De Mann spröök: 't is nich ganz de Fall,
Mi wisen to'n Dode een Röwer nich schall.
Alleen ook schall he nich spreken dat Recht,
Beter is 't, wenn veer of teine et seggt. —
De Slange spröök: Kaamt heer!
Do bemötte jüm de Wulf un de Bär.
Verlaten stünn de Mann mank düsse Allen
Un dacht: Dat Ordeel möt övel uutfallen.
He stünn mank Fieven, he was de Sösste,
De Fieve meenden man er Beste;
De Slange, beide Raven, Wulf un Bär,
Hier mank stünn he verlaten heer.
Bär un Wulf spröken ünner sik beiden,
Do se de Sake schullen scheiden:
De Slange mag boden mit Recht den Mann,
Wiel Hunger em daarto drev an:
„Noth un Dwang breckt Eed un Tru!"
Do kreeg de Mann Sörge un ook Unruh,
Wiel Alle trachten dä'n na sien Lief,
De Slange schoot to up em ganz riv'
Un speede uut sien quade Fenien.
De Mann entsprüng mit grote Pien
Un spröök: Du deist mi Unrecht groot,
Dat du süß steist na minen Dood.

An mi heſt noch keen Recht nich hatt. —
De Slange ſpröök: Waarüm ſeggſt du dat?
Tweemal is di wiſet dat Recht. —
Do ſpröök de Mann: Dat hebben ſeggt
De, de ſülwen rowen un ſtehlen.
Mien Sake will ik den König befehlen.
Brengt mi vöör em, wat de dann ſeggt,
Dat do' ik, et ſi krumm of recht.
Schall ik Unrecht liden dann:
„Dat Quade fangt fröh' genoog noch an." —
Do ſpröök de Wulf un ook de Bär:
Dat is di wol gegünnt, kaam her,
De Slange ſchall di ehr ook nich begehren!
Se meenden, keem ditt vöör de Heeren
In den Hof, dann ſchull dat Recht
So gaan, as ſe eerſt harren ſeggt. —
Hehrer! ik ſegg ditt mit Verlööff.
Se kemen mit den Mann inn Hof;
De Slange, de Bär, der Raven twee
Un der Wulven kemen ook baar dree;
De Wulf harr bi ſik twee ſiener Kinner,
De mölen den Mann den meiſten Hinner.
Jdelbalg un Nümmerſatt
Kemen mit eren Vader um dat:
Se meenden mit vun den Mann to eten,
Se mögen veel, as ji wol weten.
Se huulden un weren plump un groff,
Daarüm verbod ji jüm den Hof. —
De Mann, de reep an jue Gnaden;
He klaagde, de Slange wull em ſchaden,

De he veel Leefde harr andaan;
Un dat he vun em harr empfahn
Sekerheit un sware Eede,
Updat he em keen Schaden bäde. —
De Slange spröök: Dat is also:
De Hunger, de dwüng mi daarto,
Un de geit baben alle Noth. —
Hehrer! ji wasn bekümmert groot
Um de Sake, de so is seggt,
Dat een Jder krege sien rechtet Recht.
Jue Eddelheit seeg de Noth
Bun den Mann, den man wees inn Dood,
De süß bewesen harr Hülpe in Noth;
Dok dacht ji an den Hunger groot,
Hierüm güng ji do to Rade.
Meist reden se to des Mannes Quade,
Updat se müchten na eren Willen
Den armen Mann tosamen sillen. —
Daarup hei ju still besünnen,
Na Reinke, den Voß, dann Baden sünnen.
Wat de Annern ook süß dä'n reden,
Se künnen de Sake doch nich scheeden.
Ji geben se Reinke to verstaan
Un spröken: Dat Recht schall also gaan
As Reineke seggt in bester Rede. —
Reinke spröök do mit wissen Bescheede:
Hehrer! latet to Hand us gaan,
Daar de Mann de Slange fünnd staan.
Sege ik de Slange also bünnen,
So as he was, do he em fünnen;

Dann spröke ik dat Recht tohand,
Dat billig find't dat ganze Land.
Do würr de Slange wedder bünnen,
Ganz so as do de Mann em fünnen,
Un ook up besülwe Stä. —
Reinke spröök: So, nu sünd se,
Een Ider as he was vunt Bören;
Se hebbt wedder wunnen noch verloren.
Dat Recht wise snell ik ju:
Wenn he will, de Mann, so mag he nu
De Slange lösen un laten sik sweren.
Will he dat nich, he mag mit Ehren
De Slange laten bünnen staan,
Un fri siner Wege gaan.
Wiel de Slange an em Untru dä,
Do he se los möök uut Strick un Weh;
Also hett nu de Mann de Köör
Gliek as he de harr ook tovöör.
Ditt dünkt mi wesen de Sinn vunt Recht,
De anners weet, de kaam un segg't. —
Seht, Hehrer! ditt Ordeel düchte ju wesen,
Un ook juen Rath, ganz uuterlesen.
Reinke würr do presen sehr,
De Mann frispraken, de dankte ju sehr.
Reinke is sehr klook vun Sinn;
Ditt sülffte spröök ook de Königin. —
Kloppfechter, spreckt man, is Isegrim
Un Brunn nich mehr un ook nich minn.
Beide fürchtet man nah' un feern,
Bi Freterien sünd se geern.

Et is wahr, se fünd wol stark un groot,
Man klook vun Rath? Dat hett keene Noth!
Reinkes Rath is ju bekannt.
De Rath der Annern is man Tand.
Se brägt sik meist daarup, dat se stark,
Man wenn man kümmt mit jüm to Wark,
Un wenn man kümmt mit jüm to Feld;
Dann steit in jüm beschaamt de Held.
Hier sünd se wol sehr stark vun Moth;
Man dann wahrt se de Achterhood.
Fallen daar Släge, dann gaat se striken;
Man de armen Kammeraden dürt nich wicken.
Bären un Wulven verdarven dat Land.
Se achten et wenig, wers Huus daar brannt,
Köönt se sik an de Kählen warmen.
Se laten sik ook nich erbarmen;
Mögt se man krigen fette Kroppen,
Den Armen lat't se nau de Doppen
Wenn se de Eier em hebbt namen:
Eerst se, dann lat't se Ann're kamen.
Man Reinke Voß un all sien Geslecht
Bedenkt de Wiesheit un dat Recht.
Of he sik nu ook hett versehn;
Seht, Hehrer! he is daarüm keen Steen.
Wenn ji nauen Rath begehren,
So köön ji em doch nich entbehren.
Hierüm bidden wi, neemt an em in Gnaden. —
De König spröök: Ik will mi beraden.
Dat Ordeel was so good, na't Recht,
Ower de Slange, so as ji hebbt seggt.

Da's wahr; man he is nich gut,
He is een Schalk in sine Huud!
Mit wem he ook noch hett maakt een Verbund,
De Alle bedrüggt he mit losen Fund.
Daar kann he sik dann so listig uutdreien,
Wulf, Bär, Kater, Kanien mitr Kreien,
Düsse Allen is he to behänne,
Anföhren deit he all' upt Enne.
He deit jüm Schaden, Spott un Schanne:
De Ene leet em een Ohr to Panne,
De Anner een Oge, de Dritte dat Lief.
Ik weet nich, wa ji vöör düssen Ketief
Süß bidden do't un staat em bi. —
De Aapin spröök: Hehrer, höret mi!
Bedenkt, dat Reinkes Geslecht is groot. —
Daarmit de König sik entboot
Un güng wedder henuut ut den Saal.
Daar stünnen to wachten se alltomal.
He seeg daar vele, de Reinke bistünnen
Bun sine angeboren Frünnen.
Reinke to trösten weren se kamen,
De ik nich alle kann nömen mit Namen.
De König seeg an sien groot Geslecht,
De daar weren kamen na Landdagsrecht.
He seeg ook uppe anner Siden
Vele, de Reinke nich müchten liden.

Dat sevde Capittel.

De König spröök: Reinke, hör mi nu!
Wa güng dat to, dat Bellien un du
Den framen Lampe dat Leben hebbt namen?
Wa sünn ji eegentlik daarto kamen?
Un daarto, dat ji beiden quaden Deeve
Sien Kopp mi offereerden anstatt Breve? —
Do wi harrn updaan den Sack
Fünn wi, dat anners nix derin stack
As Lampes Kopp; mi wol to'n Hohn?
Bellien hett kregen daarvöör sien Lohn!
Ditt hebbe ik al eenmal seggt,
Öwer di schall gaan datsülwe Recht! —
Reinke spröök: O, Weh', o, Noth!
Weer ik doch nu man al doot.
Hört mi, hebbe ik dann Schüld,
So gev ik mi in gode Gedüld;
Hebbe ik Schüld, so latet mi doden,
Ik kaam doch nümmer uut de Noden
Un uut de Sörgen, daarin ik bün;
Wiel de Verrader, de Ram Bellien
Hett ünnerslagen een Schatt so riek,
Nix is up Eren, de den is gliek.
De Kleenoden, de ik em däde
Do he mit Lampe vun mi scheede,
De sünd Schüld, dat Lampe verlor sien Lief;
Bellien hett 't em namen, de böse Ketief,

De hett ook de Kleenoden ünnerslagen,
Och, künn, waar se bleben, man doch erfragen!
Man ik fürchte, daar kann nix vun weren. —
De Aapin spröök: Sünd de Kleenoden baben der Eren,
Wi willt as Frünne gaan to Rade,
Wi Alle willt ook fröh un spade,
Daarna fragen mank Laien un Papen,
Seggt man, wa se weren geschapen. —
Reinke spröök: Se sünd so good,
Ik fürchte wi find't se nümmer un nooit,
Un de se hett, de gifft se nich heer.
Wenn dat mien Fru wüßst, o, ik weer
Vöör Tieds Lebens um ere Gnad';
Dewiel ik also gegen Rath
Un ahne Schien gev hen de Kleenode:
So recht willig un ahne Arg ik et däde.
Hier bün ik belagen un beseggt,
Wa wol ik möt liden bitt grote Unrecht.
Kaam ik los döör mine Unschüld,
So late ik mi kene Gedüld;
Ik reise dann döör't ganze Land
Un frag' of Imand wat bekannt
Vun düsse Kleenoden, düürbar utermaten,
Un schull ik mien Leben ook daarbi laten.

Dat sösste Capittel.

Reineke spröök: o, König un Heer!
Ik bidde jue Eddelheit sehr,
Dat ji mi günnt to düsser Stünne
To spreken hier vöör mine Frünne
Vunr Kleenoden Düürbarkeit;
De ik ju sünnd uut Dankbarkeit;
Wa wol se ju nich warren sünd. —
De König sä: So segg' et geswind! —
Reineke spröök: Wa ik verlaren heff vunt Vören
Glück un Ehre, dat mög ji nu hören:
Dat eerste Kleenob' wasn Ring,
Den Bellien, de Ram empfing
Um den König em to bringen.
Vun selsen, wunderlike Dingen
Was de Ring tohope sett,
Wol weerdig, dat en Fürst em hett.
De Ring, de was vun finet Gold
Un vun Binnen mit Schrift verzieret stolt.
De Bookstaven weren so fein ingraben
Un mit Lasur verziert vun baben.
De Schrift was in hebräsche Sprake
Un bestünn uut dree Namen; so verhöllt sik de Sake.
So klook wasr Nüms int ganze Land,
Den düsse Schrift gründelk weer bekannt.
In Trier alleen Mester Abrion,
Ditt wasn Jöde, de se dä verstaan;

He versteit alle Spraken döör un döör.
Vun Pötrau an bett Lünebörg weer
Keen Kruut un Steen, de he nich kennt;
Düsse Jöde, dat isn Allerweltsend.
Ik leet em sehn densülwen Ring. —
He spröök: Dat isn köstelk Ding.
Seth hett mitbracht düsse dree Namen
Do he uutn Paradise is kamen.
As he de Öllge der Barmhartigkeit söcht,
Do hett he de vöör sik sülm mitbröcht.
Dok spröök he: De düsse Ring drägen deit,
De blifft alltied vun Plagen befreit,
Vun Dönner un Blitz, vun allen Quaden,
Dok kann kene Hexerie em schaden.
De Mester spröök dann noch, dat he harr lesen
De den Ring dröög, de künn nich verfreesen,
Al weer et noch so bister kold;
He levde ook lang un würr sehr old. —
Een Steen, de künn nich beter sien,
De was daarin, so mooi un sien:
Een Karfunkel licht un klaar,
Döör den seeg Nachts man apenbar
All' wat man jümmer wull ook sehn.
Noch harr mehr Döögden desülwe Steen:
Alle Krankheiten maakde he gesund;
Wenn man den anröörde; tor sülwen Stund
Würr vun Een namen alle Noth,
So feern et nich was de Dood.
De Steen harr ook de Macht, vöörwahr!
Dat spröök de Mester apenbar:

Wer drägen dä den an sine Hand,
De keme wol döör alle Land.
Water un Füür künn em nich schaden,
Noch würr he gefangen of verraden.
Keen Fiend de Öwerhand öwer em kreeg,
Un wenn he ook nöchtern den Steen anseeg;
He schull se öwerwinnen öwerall
Un wenn der ook hundert weren an Tall.
Vöör Vergifft un anner böset Fenien
Daarvöör schull he ook bewahret sien.
Un so ook Imand em nich mücht liden,
De kreeg em leef in körte Tiden.
Nich kann ik dat alle spreken uut
Wa kostbaar de Steen weer un wa gut.
Ik neem em uut mines Vaders Schatt
Un sünnd em den König mit Ditt un Dat;
Wiel mi düchte so en moje Ring
Weer vöör mi een to köstliket Ding.
De König is de eddelste Mann,
De 'm am Besten wol drägen kann;
Wiel all use Wolfahrt bi em steit,
He is use Ehre un Saligheit:
Updat bewahrt blifft vöör den Dood
Sien Leben, un nümmer he lide Noth.

Dat sevende Capittel.

Ik sünnd ook döör Bellien, den Ram,
Der Königin enen Speegel un Kamm.
Düsse Beiden hefft nich eres Gliken,
Mag man se söken in alle Erdriken.
Düssen Speegel un düssen Kamm,
Ik ook uut mien Vader sine Schattkamer namm.
Wa faken heff ik un mien Wief
Hierum hatt en grote Kief;
Wiel se keen Good vun düsser Eeren,
Man alleen de Kleenoden vun mi dä begehren.
Nu sünd se mi kamen vunr Hand,
De ik heff sünnen mit Anstand
Miner Fru, der Königin,
Ditt dä 'k mit wolbedachten Sinn;
Wiel se mi faken al Goods hett daan
Baben all de Annern, de hier do't staan.
Se sprect vöör mi ook faken en Woort;
Se is eddel un vun hoger Geboort,
Tüchtig, vull Döögd, vun ebbeln Stamm:
Weerth to besitten Speegel un Kamm!
Nu is dat leider nich geschehn,
Dat se de mal hett kregen to sehn.
De Kamm stamm vun en Panther heer,
Dat is tomal een eddel Deer.
Des sülwen Deeres Wohnung is
Twusken Indien un dat Paradies.
Et hett ene Farwe in alle Maneeren,
Sien Röök is good un sööt, up Ehren!

Also, dat de Deere int Gemeen
Den Röök nafolgen, groot un kleen,
Allerwegen, waarhen et geit;
Wiel Gesundheit uut den Röök entsteit:
Dat bekennen un föhlen se int Gemeen.
Vun ditt Deer sine Knaken un Been,
Weer de Kamm maakt so fein,
Klaar as Sülwer witt un rein,
Wolrukend baben alle Blomen.
Des Deeres Röök, de pleggt to komen
In sine Knaken, wenn et starkt:
So nümmermehr sine Knaken verdarft.
Fast un wolrukend de alltied blivt;
Un jaget weg alle Fenien un Vergifft.
Up düssen Kamm, daar stünnen ingraven
Etlike Bilder, hoch verhaven,
De weeren alle köstlik verziert
Un mit dat feinste Gold döörwiert,
Roth as Zinnober un blau as Lazur;
Un de Historie daarup un dat Aventür
Was, wa Paris vun Troja ins leeg
Bi 'n Born, un dat he daar seeg
Dree Afgodinnen, nöömt alsuß:
Pallas, Juno un Venus.
Se harrn een Appel mit sik Dreen
Un Jder wull den hebben alleen.
Lange Tied se hierüm däen kiwen.
Tolest hebbt se dat laten bliven
Un geben em Paris un säen: He schollde
Geben densülwen Appel vun Golde

Ener der Schönsten vun de Dreen
De em dann beholen schull alleen.
Paris dachte hieröwer na, as Juno keem
Un em en Beten uppe Siede neem.
Is 't sä se, da du mi den Appel towisst
Un mi as de Schönste uutkisst;
Dann gev ik di Rikdoom un een Schatt
So groot, as Nüms noch hett nich hatt. —
Pallas spröök: Geschütt dat so,
Dat du den Appel mi wisst to:
Du scha'st empfahn so grote Macht,
Dat bi schöölt fürchten Dag un Nacht
Dine Fiende un Frünne alltosamen,
Warr se man hören nömen bien Namen. —
Wat, sä Venus, wat schall de Schatt,
Of de grötre Gewalt? — Segget mi dat.
Is nich de König Priamus sien Vader,
Sünd nich riek sine Bröders un stark allegader?
Hektor, un de Annere noch mehr?
Is he nich öwer Troja en Heer?
Hebben se nich umheer alle Lande bedwungen,
De feernen sowol, as de olen un jungen? —
Wullt du mi vöör de Schönste priesen
Un mi den golden Appel towisen;
Dann schall di warrn de düürbarste Schatt,
Den man upr ganzen Ere wol hatt.
Düsse Schatt, dat is dat schönste Wief,
De je up Eren empfüng dat Lief.
Een Wief, dat tüchtig un döögdsam is,
Schön un ebbel un wies, da's wiß;

Man kann se daarmit genoog nich laven:
Se geit den Schatt veelmal to baven!
Giff mi den Appel un löve mi,
Ditt schöne Wief schall warren di,
Ditt schöne Wief, de ik hier meene,
Dat is de griekse König sien Wief: Helene.
Eddel, sittsam, riek un wies! —
Do gev er den golden Appel, Paris.
Daarto priesde he se sehr
Un spröök, dat se de Schönste weer.
Do hölp de Göttin Venus,
Dat Paris den König Menelaus
Neem Helene sine Königin
Un bracht se mit sik in Troja in. —
Düsse Historie, de stünn graven
Up den Kamm, hoch verhaven,
Mit Bookstaven ünner de Schilder,
Daarup de subtielsten Bilder.
Een Jder verstünn, wenn he de lees,
Wat dat vöör ene Historie was.

Dat achte Capittel.

Vun den feinen Speegel lat't us nu spreken!
Dat Glas künn vöör en Berill man reken,
So schön was 't un so klaar.
Man seeg daarin ganz apenbaar

All, wat up ene Mile geschach,
Sowol bi Nacht as ook bi Dag.
Leed Jmand an sien Gesicht Gebreck,
Of harr in sine Ogen jennigen Fleck;
Sobald he in den Speegel sagg
Güng weg dat Gebreck an den sülwen Dag,
Un alle de Flecken; da's doch wol nich minn!
Is 't en Wunder, dat ik mißmödig bün,
Nu ik vermisse den düren Schatt? —
Dat Holt vun den Speegel daar 't Glas insatt
Heet vun Sethim, is fest un blank
Un kriggt vun Wörm' ook nümmer en Wank.
Dok kann nich rötten, datsülwe Holt
Un warrt beter acht't als Sülwer un Gold.
Ebenholt is düsset Holt wol gliek.
Daarvun was maakt, sehr wunderliek,
Een holten Peerd to Krompart's Tiden,
De König was. Daarmit künn he riden
Hundert Mile in ener Stunne.
Schull ik ditt Aventür uutspreken inn Grunne,
Dat künn in körte Tied nich geschehn:
Nümmer noch harr man so'n Peerd nich sehn.
Dat Holt was anderthalv Föte breed,
Vun Buten rund, so as dat leet.
Daar mennig frömbde Historie upstünd
De enthüllen mennig selsenen Fünd.
Ünner iber Historie stünnen de Wöre
Vun Gold, so as sik dat höre. —
De eerste Historie was vun dat Peerd,
Dat wasn heel hochmödig Deert

Un niedig up den Hirsch as derto,
Dat et nich lopen künn sieh=so!
Vöör Smarte un Pien güng et to enen Hedder,
Un spröök: Dat Glück schall nich sien bi towedder!
Sett' di up mi, ik brenge di drade,
Is't dat du deist na minen Rade,
Daarhen, waar' en fette Hirsch kannst fangen,
Un daardöör en bet're Lage erlangen:
Sien Fleesk sine Hörns un ook sine Huud,
De kannst du düür genoog brengen uut,
Sett' di up mi un late us jagen! —
De Hedder spröök: Ik will et wagen!
Se reden hen mit alle Fliet
Un kemen bi'n Hirsch in körte Tied.
Se lepen jümmer in sien Spöör,
Se lepen na, de Hirsch leep vöör.
Dat Peerd et sik bald half begaff,
Et spröök to'n Mann: Sitte wat af!
Ik bün möd, laat mi wat ruhen! —
De Mann spröök wedder: Ik do di nich truen!
Et is nu so, du mösst mi hören.
Wullt nich? scha'st du föhlen de Spören!
Du hest mi eenmal daarto bracht.
Seht, so würr dwungen dat Peerd mit Macht.
„De bind't sik en Rood to sine eegen Willen,
De sik pienigt um en Anner to drillen!" —

Dat negende Capittel.

Nu hört! Dok in den Speegel stund
Wa en Esel un en Hund
Deenden enen riken Mann;
Un de Hund de meiste Günst gewann.
He seet an sien Heer sien Diß.
Un eet mit em Fleesk un Fiß;
He neem em faken up sien Schoot,
Un gev em to eten dat beste Brod.
De Hund dä wedeln bloot daarvöör,
Un licke um den Bart sin'n Heer. —
Ditt seeg de Esel Boldewien,
Et dä em weh int Harte sien!
He sprook to sik sülm alleen:
Da's sünnerbaar vun mien Heer, ik meen,
Dat he mit düssen fulen Hund
So fründelk is uut Hartensgrund,
De 'm jo lickt un up em springt.
Mi man to sware Arbeit dwingt,
Ik möot drägen de Säcke swaar.
Mien Heer schall nich inn ganzet Jahr
Mit fiev Hünne doon, weren't teine ook
Wat ik in veer Weken alleene möok.
He ett dat Beste, ik krieg man Stroh,
Un möot upr Eren liggen baarto.
Waarhen se mi driven, of up mi riden,
Daar möot ik baarto vun Spott veel liden;

Ik will nich länger so verdarven,
Un mi ook mien Heer siene Huld verwarven! —
Ünner de Tied keem de Heer, de Weerth.
De Esel sett sik up sien Steert,
Un up sien Heer he sprüng.
He reep, he reerde, un he süng;
Sien Heer dä licken he mit sien Muul,
Un stotte em twee grote Buul',
Un wull em küssen vöör den Mund
As he doon sehn harr den Hund. —
Do reep de Heer, in Angst so groot:
Neemt den Esel un slaat 'm doot!
De Knechte slögen den Esel all'
Un jögen em wedder in den Stall.
Do blev he een Esel, as he was.
Noch find't man mennigen Esel dwas,
De tracht't en annern vöörtogaan,
Wa wol he nix nich deit verstaan.
Ja, kümmt he daar ook mit to Stann'
So steit et em nich beter an,
Asn Söge de mit Lepels ett
Un sik daarmit de Tähn uutstött. —
Man late den Esel drägen den Sack,
Un geve em Stroh un Distels int Fack!
Deit man em an ook ann're Ehre;
He wickt nich vun sine ole Lehre,
Waar Esels kriegen Heerschoppien,
Daar süht man selten Goods gediehn.
Meist söken se er'n eegen Vöördeel,
Na anner Wolfahrt fragt se nich veel:

Hieröwer is wol de meiste Klage,
Ere Macht warrt gröter alle Dage! —

Dat teinde Capittel.

Hehrer König! Ji schöölt ook weeten,
Lat't mine Rede ju nich verbreeten,
Dat up den Speegel noch stünn ingraven
Behänne mit Bilder un Bookstaven:
Wa mien Vader un Hinze, de Kater,
Ins tosamen güngen an een Water.
Se swören tosamen mit sware Eeden,
Se wullen Alles ünner sik beeden
Lieke deelen, wat se ook füngen,
Wull se Jmand jagen of dwingen,
So schull de Ene bliven bi'n Annern:
Süß güngen se mennig Stück Weges wannern.
Ins passeerde, dat se dä'n vernehmen,
Dat up jüm to etlike Jägers kemen,
De ook harrn mennig een quaden Hund.
Hinze do to spreken begünnd':
Gode Rath is hier nu düür!
Mien Vader sprööf: 't is en Aventür!
Wol mennig goden Rath if weet:
Wi willt eenanner holen ben Eed
Un willen faste tosamen staan;
Düsse Rath de sett ik ganz vööran. —

Hinze spröök: Wa't us ook geit, so ga't!
Böör mi alleen weet ik wol Rath,
Den möt ik bruken, dat segg' ick ju, Ohm!
Daarmit sprüng he dann upn Boom,
Daar em de Hünne nich künnen schaden.
Süß dä he minen Vader verraden,
Den he ünnen in Angst leet staan,
So füllen de Jägers em denn an.
Hinze, de ditt seeg, de spröök vunn Boom:
Wol mennig goden Rath ji wüßten, Ohm!
Bruukt de nu, dat is ju Gewinn,
Na rechter Wise un rechten Sinn. —
Man blöös int Horn un man reep: Sla!
Mien Vader leep vöör, de Hünne em na;
He leep dat em utbröök dat Sweet
Un he wat achter gliden leet,
Süß würr he licht, dat hülp daarto,
Dat he dä entkamen do. —
Wer em dä verra'n dat hei hört,
Up den he meist sik verleet, de weer't.
De Hünne weren em to snell,
Binah' harrn se kregen em doch bi't Fell;
Man daar wasn Gatt, un dat was holl,
Daarin to entkamen gelüng em wol.
Desgliken find't man noch mennig Bedrog,
Un mennig Bedreeger, de deit wol noch
Wat Hinze dä, de quade Deef,
Den ik ook nich heff en Beten leef:
Doch, ik heff et em all half vergeven,
Een beten Haat man is noch sitten bleven.

Düsse Historie mit düsse Reden,
Waßn klaar ook in den Speegel sneden.

Dat elfte Capittel.

Noch vun den Wulff stunn'r en Rede
Up den Speegel un wa he däde
Nümmer seggen vöör wat Godes: dank'! —
He leep ins mal een Feld entlang,
Daar fünn he liggen een dodet Peerd,
Dat Fleesk was vun de Knaken vertehrt.
De Wulff begünn an de Knaken to nagen;
Em keem en Knaken dwas inn Kragen;
Wiel he harr so'n Hunger groot:
Hierböör leed he sware Noth.
He sünnd an vele Docters baden,
Nüms künn em helpen uut de Noden,
Un as he uutbo'n en grotet Geld,
Do harr sik ook Lütke, de Kraan, instellt.
De dreggt ook en roth Barret,
Waarüm he 'm ook Doctor heet.
He spröök to em: Help mi mit Fliet,
Un maak mi vun düsse Wehdage quiet;
Kannst du, teh' mi den Knaken uut,
Ik gev di daarvöör een grotet Gut! —
De Kraan stöök Snabel un Kopp henin,
De Wöre, so mooi, neem vöör wahr he hin,

Un trück em also den Knaken uut. —
Do reep de Wulf öwerluut:
Weh' mi, o du deist mi seer!
Ik vergev 't di, deist du et nich mehr.
Wenn mi dat een Anner so däd,
Nümmer ik dat vun em leed. —
Wes't to Freden, spröök Lütke, de Kraan,
Ji sünd genesen, gevt Lohn mi, un lat't mi gaan! —
Do spröök de Wulf: Nu hört den Geck!
Ik hebbe sülm veel Gebreck,
De will nu noch hebben mien Good daarto
Un denkt nich daaran, wat ik em do'.
Stöök he sien Kopp doch in mien Mund,
Ik leet em de wedder uuttehn gesund,
Un daarto hett he mi weh noch daan.
Ik meen, schull Jmand Lohn empfahn,
De keem mi to na allen Rechten:
So lohnet Schalken ere Knechten. —
Seht, düsse Historie, un sücke noch mehr,
Stünnen um den Speegel rund umheer
Wirkt un sneden un ingraven
Mit moje Bilder un golden Bookstaven.
Ik heel mi unweerdig un alto gering
Bi mi to hebben so köstlike Ding'.
Daarüm sünnd ik se to grote Ehren
Der Königin, den König, minen Heeren!
Wa grote Reu ook harrn mine Kinder beib'
Hierüm, och, wa grotet Leid!
Se plegden daarvöör to spelen un springen,
Un segen, wa jüm de Steertkes hingen.

Un ook wa jüm er Müülken stünd. —
Man leider! ditt was mi heel unkünd,
Dat Lampe so nah' was an sien Dood,
As ik up Tru un Globen groot
Em de Kleenoden anbefahl,
Em as mien Fründ un Bellien eben wol.
Ditt weren beide mine trusten Fründe,
De 'k je harr, bett up düsse Stünne.
Et steit mi wol to, öwer den Möörner to klagen,
Dok mücht ik weten un do' fragen:
Waar sünd de Kleenoden, siet se sünd stahlen?
„Moord nich lichte blifft verhalen!" —
Veellicht de Möörner bi us steit,
Mank düsse Een is, de wat weeten deit:
Waar bleven sünd wol düsse Kleenode,
Un ook wa Lampe is kamen to Dode? —

Dat twölfde Capittel.

Seht, gnädiger, hehrer König!
Dinge kaamt ju vöör so mennig,
Dat ji de all' nich beholen mögt.
Gedenk' ji wol noch der groten Döögd,
De mien Vader, de ole Voß, dä
An juen Vader up düsse Stä? —
Ju Vader de leeg krank to Bedde,
As mien Vader dat Leben em rebbe:

Noch spreek ji, dat mien Vader un ik
Söchten ju un der Juen Unglück.
Hehrer! ik spreek et mit juen Verlöff,
Mien Vader, de was hier to Hof,
Bi juen Vader in grote Günst;
Wiel he verstünn de rechte Künst
Der Docterie: dat Water besehn
Un Alles, sogaar dat Tähne uuttehn.
Ik löv et wol, Hehrer! ji wet't et nich mehr,
Et is en lange Tied al heer.
Ji weren do dree Jahr noch man old,
Un et was inn Winter, un de was kold.
Ju Vader leeg krank in grote Plagen,
Man mößt bören em un dragen.
Twusken hier un Rom de Docters all'
De leet he halen in ditt Gefall;
Se geben em öwer alltomalen.
Tolest leet he min'n Vader halen.
He klaagde em sehr sine Noth,
Dat krank he weer bett upn Dood.
Ditt erbarmde mien Vader sehr;
He spröök: O, König, mien gnädige Heer!
Ik gev mien Leben künn et ju baten,
Hehrer! löwt mi, ik würr 't geerne laten.
Maakt ju Water, hier isn Glas! —
Ju Vader, de sehr kränkelk was,
Dä, so em heeten harr mien Vader
Un klaagde, he kreeg et je länger, je quader. —
Dittsülwe ook up den Speegel stünd,
Un wa ju Vader würr gesünd.

Mien Vader spröök: Willt ji genesen,
So mööt ji bi de Hand nu wesen.
Een Wulf sien Lever vun seben Jahren,
Hehrer! Hier mööt ji nix vun sparen;
De mööt ji eten of ji gaat doot;
Denn ju Water wißt al Bloot.
Daar hastet mit vöör alle Ding! —
De Wulf, de mit stünn in den Ring,
De hörde dat wol; et bä 'm nich hagen.
Ju Vader spröök: Schall 't vun mine Plagen,
Höret, Heer Wulf! schall ik genesen,
So möt et döör ju Lever wesen. —
De Wulf spröök: Hehrer, ik segg et vöörwahr!
Ik bün noch old nich ganz siev Jahr. —
Do spröök mien Vader: Et helpt nich, ne!
Ik weet et wol, wenn 'k de Lever seh. —
Do mößt de Wulf nar Köken gaan
Un de Lever würr em namen un bra'n.
De König eet se un genaß
Vun alle Krankheit, de in em was,
Un dankde daarvöör mien Vader sehr
Un gev sien Gesinn dann düsse Lehr':
Dat een Ider mien Vader Docter hete
Un bitt Nüms, bi sien Leben, lete.
Süß mößt mien Vader, to alle Tiden,
Gaan an des Königs rechter Siden.
Dok gev em jue Vader, so ik wol weet,
Ene goldene Spange un en roth Barret.
Dat mößt he drägen vöör alle de Heeren,
De alle bewesen em grote Ehren,

Wett ant Enne finer Dagen.
Mit mi is dat nu ümmeslagen!
Man denkt nich mehr an mien Bader sien Döögd,
De gierigsten Schalke warren verhöögt.
Eegennütt un Gewinn man nu betracht't,
Un Recht un Wiesheit kleen man acht't.
Warrt uut een Keerl mal en Heer,
Dann geit et öwer de Armen heer.
Kriggt he den ook grote Macht,
So weet he nich na wem he slacht.
Denkt nich, waarheer he wol is kamen;
Man sien eegen Böördeel un Framen,
Dat geit vöör bi all' sine Speele:
Düsse sünd ünner de Heeren nu vele.
Bun Nüms hören an se ene Bede,
Daar folgde denn ene Gabe mede.
Ere Meinung is meist: Brengt man heer!
Ditt vöört Eerste un dann noch mehr.
Gierige Wulven sünd'r so vele,
De vöör sik nehmen de besten Deele.
Künnen se redden mit klene Saken
Er Heer sien Leben, dat schull sik nich maken. —
Düsse Wulf, de wull ook nich entbehren
Sien Lever, to geven de sinen Heeren;
Un doch weer et beter, will ji mi hören,
Dat twintig Wulven er Leben verlören;
Denn dat de König, of sien Wief
Kamen dä'n um Leben un Lief.
Un dat weer ook nümmer Schade;
Wiel, wat daar kümmt vun quaden Sade

13

Schall selten wol noch hebben Döögd. —
Hehrer König! ditt passeerde in jue Jöögd,
Ditt weet ik ganz genau, vöörwahr!
Al is et ju ook nich ganz klaar.
Ik weet et wol, All' mit Een,
As of 't eerst güstern is geschehn. —
Düsse Historie un düsse Geschicht'
Was up den Speegel ook mit anricht't,
Vun Eddelsteenen un vun Gold,
Mien Vader söchde daarin sien Stolt.
Künn ik den Speegel doch wedder erfragen,
Leben un Good wull daarüm ik wol wagen.

Dat dörteinde Capittel.

De König spröök: Reinke, ik heff verstaan
De Wöre, ganz vun Anfang an,
Was ju Vader so verhöögt
Un dä he hier so danige Döögd,
Dat mag wol sien, ik denk' nich d'ran,
Dok kreeg ik nich ehr Bericht daarvan;
Man Streiche vun ju, de weet ik vele,
Ji sünd faken mit in de Spele,
De man faken hier mi seggt.
Doon se ju dann daarin Unrecht?
Da's quad, daaröwer Bewies to föhren.
Mücht ik ook Godes vun ju hören!

Dat awer deit passeeren nich saken. —
Hehrer! ik antwöör up düsse Saken,
Spröök Reinke, wiel se mi angaan,
Ik heff ju sülwen Good al daan.
Ditt schall nich sien vöör ju een Verwiet!
Ik föhl mi schüldig to ider Tied
Vöör ju to doon all' wat ik mag.
Weet ji noch, wa 't ins geschach,
Dat ik un de Wulf, Heer Isegrim,
Harren tosamen fünnen een Swien?
Do et gierde, beten wi 't boot.
Ji kemen un klaagden öwer Hungersnoth.
Ji spröken: Ju Fru, de keem ju na,
Un as ji segen de Spise, do reep ji: ha, ha,
Deelet us mit vun juen Gewinn!
Ja! spröök Isegrim binnen dat Kinn,
So, dat man et man nau verstünd.
Man ik spröök: Hehrer! 't is ju wol günnt,
Ja, harr wi vun de Swine man vele!
Wer dünkt ju, de us ditt nu deele? —
Dat schall de Wulf doon, so spröök ji do;
Daaröwer was Isegrim sehr froh.
He deelde do up sien ole Maneer,
Daarbi was vun Schaamte kene Rede mehr:
Een Vördell gev he ju, dat anner jue Fru,
De ann're Hälfte neem he in Ruh,
Un eet so gierig un utermaten;
Man de Ohren un de Näsegaten,
De Lungen half, ditt gev he mi,
Dat anner beheel he, ditt segen ji;

Süß bewees he sien Eddelheit, as ji weten.
Doch, do ji ju Deel harrn uppegeten.
Ditt weet ik wol, weer j' noch nich satt.
Ditt seeg de Wulf wol, man he att,
Un bod ju nich an, wedder kleen noch groot.
Do kreeg he Een vun juen Poot
Twusken de Ohren, dat klappen et dä
Un he wol föhlde en grotet Weh;
He blörr un kreeg grote Bulen,
Leep weg un dä ook bannig hulen.
Ji repen em na: Kumm wedder heer,
Un schaam di upn anner Tied mehr!
Is 't, dat du di ook nich schaamst
Un mit dat Deelen et anners raamst,
So will ik di willkamen heten:
Ga hastig un haal us mehr to eten!
Do spröök ik: Hehrer! befehl' ji dat,
So ga 't mit em, ik weet noch wat.
Hehrer! ji spröken, ja, ga mit em! —
Do heel sik Isegrim unbequem,
He blörr, he stännde un harr veel to klagen:
Süß güngen wi beiden tosamen jagen.
Een fett Kalf süngen wi, dat ji wol möchten;
Do lachten ji sehr, as wi dat bröchten.
Ji spröken do un lovden mi groot,
Ik weer good uuttosenden in Noth.
Ji spröken: Ik schull deelen dar Kalf.
Ik spröök: Hehrer! ju hört et half,
De ann're Hälfte de Königin,
Un wat daar is vun binnen in:

Dat Harte, de Lever un de Lungen,
Ditt kümmt to wol jue Jungen.
Mi hörn bloot to de veer Föte,
Un Isegrim de Kopp, de smeckt so söte.
As ji ditt hörden, spröök ji do:
Reinke, wer lehrde di deelen also,
So na de Regel? laat mi et verstaan!
Ik spröök: Hehrer! dat hett daan
Düsse, den so roth is de Kopp
Un den so blörrig is de Topp.
Vundage as Isegrim deelde dat Farken
Heff ik daan mi ditt so marken,
Un lehrde do na Bruuk un Regel
Liek to deelen vun den Flegel.
Süß kreeg Isegrim, de gierige Dwaas
Schaden un Schanne vöör sien Fraas.
Wa veel find't man noch sücke Wulve
De alle Dage doon datsulwe
Un ere Ünnerdanen schinnen,
Se sparen nich, waar se de finnen.
Al waar een Wulf süß öwergeit,
De sine Wolfahrt ümmesleit.
Een Wulf, de spaart nich Fleesk noch Bloot:
Weh' em, de em säddigen moot!
Weh' de Stadt un weh' dat Land,
Daar Wulven kriegt de Öwerhand! —
Seht, hehrer König, gnädige Heer!
Sodanige Ehre un noch mehr,
De hei al in mennige Stünnen
Faken un vele bi mi fünnen.

Wat ik hebbe un gewinn
Hört alle ju un de Königin;
Si et wenig of si et veel,
Ja, dat Meiste is daarvun ju Deel.
Denk ji an dat Kalf un Farken,
So willt ji bald de Wahrheit marken,
Bi wen de rechte Tru mag sien,
Bi Reinke of bi Isegrim.
De Wulf de is nu sehr verhoogt
Un is bi ju de grötste Vogt;
He meent awer nich juen Böördeel
Sien eegen geit vöör, sowol half as heel.
He un Bruun, de föhren dat Woort
Up Reineke warrt nümmer hört.
Hehrer! et is wahr, ik bün verklagt;
Ik möt hendöör, 't möt sien gewagt!
Is hier to Hove jennig Mann,
De mine Sake betügen kann,
De kame mit de Tügen to Sprake
Un klage hier öwern gewisse Sake.
Gegen mi sett he, nich naman vöör-heer,
Sien Leben, Goob of en Ohr of sien Ehr'.
Ik kann so goob as he verleesen:
Sodanig Recht plegt hier to wesen.
Hehrer! düsse Sake, hier nu seggt,
De mög ji richten na ditt Recht.

Dat veerteinde Capittel.

De König spröök: Et si wa 't si,
Wat Recht is schall man fallen bi.
Ik do Nüms wat gegen 't Recht. —
Wahr is 't, Reinke, du büst beseggt,
Dat du weest um Lampe sien Dood,
Den ik nu so verleesen mööt.
Böörwahr! Lampe harr ik leef.
Wa wol Bellien dat mit em drev?
He bröchte us sien Kopp hierheer,
Mehr as mennig lövt ik trurig weer,
Is'r Jmand, de nu will mehr
Klagen öwer Reinke, de kame heer!
Düsse Sake, de hier up em is seggt,
Vergeve ik em döör mien Recht;
Wiel he jümmer is bi mi bleben
Will ik em mine Sake vergeben.
Doch, is'r Jmand, de Tügen kann brengen,
Wahrhaftig un good, de nich sik verfängen,
De kame vöör, as hier is seggt,
Un begeve sik mit Reinke vöört Recht. —
Reinke spröök: Gnädige Heer!
Ik dank' ju sehr vöör düsse Ehr,
Dat ji ju nich lat't verdreeten
Mi to beschütten na Recht un Geweeten.
Ik seg 't ju bi mien swaarsten Eed,
Do Lampe mit Bellien vun mi scheeden däd,

Do dä mi dat Harte weh';
Wiel ik sehr leef harr düsse Twee.
Nich wüßst ik, dat mi bevöörstünn düsse Noth,
Of dat Lampe so nah' was an sien Dood. —
Süß künn Reinke sine Wör' uutstaffeeren,
So dat Alle, de daar weren,
Meenden, he spröke wahr;
Wiel so eernst he dä uutkiken daar,
As vun de Kleenoden he dä berichten,
So dat Alle, de em hörden dichten,
Meenden ook, dat he wahr sä,
Un spröken: Reinke, wes't tofree!
Süß kreeg he den König 'rum,
Den be Sinn sehr stünn
Na de Kleenoden, de Reinke mit List
So haben Mate to laven harr wüßt.
Hierum de König to Reinke sä:
Reinke weset man to free!
Ji schöölt reisen un jagen
Of ji nich köönt de Kleenoden erfragen.
Mine Hülpe schall ju we'n bereit,
Wenn ji se wittert, seegt mi Bescheid.
Reinke spröök: Ebbel Heer!
Ik dank juer Eddelheit sehr.
Dat ji spreekt sücke Trosteswoort,
To kummt ju, to strafen Row un Moord,
De leider! daarüm is geschehn.
Ik will mit Fliet nu daarna sehn,
Un will ook reisen Nacht un Dag
Mit Hülpe vun Allen, de 't bidden mag,

Krieg 't wol to weten, warr se sien.
Un schülln alleen de Kräfte mien
Wesen to swack, et to vullbringen,
Se juer Gnaden to erringen;
Se hören jo eenmal ju,
Dann will ik kamen mit ganzer Tru,
Hülpe to söken, wenn 't weer vun Noden,
Bi ju um de feine Kleenoden.
Un künn ik se brengen ju tor Händ'
Dann weer mien Fliet noch wol bewend't.
Ditt was den König all' wol mit
Un wat Reinke sä vun dat un ditt,
Wawol he em doch hett bedragen,
Mit grote Lagen em wat vöörlagen,
Un hett em vun Waß ene Näse ansett.
All', de daar weren lövden et.
He harr jüm alle de Ohren vullslagen;
So dat he al künn sünner Fragen
Gaan of reisen waar he wull.
Man Isegrim wüßt nich, wat he schull.
He würr tornig un mißmödig sehr
Un spröök: Hehrer König, eddel Heer!
Löv ji Reinke wedder upt Nec,
De ju körts eerst vöörlog tweemal of dree?
Een Wunder is 't, dat ji em lövt,
Den losen Schalk, de ju hett övt.
De ju wisse un us Alle bedrüggt,
Sprect selden wahr, man altied lüggt:
Hehrer! ik laat em so nich tehn.
Ji schöllt et hören un sehn,

Dat en falſken Bedreeger he is.
Ik weet noch dree grote Saken, da's wiß!
Daarvun he mi nich kann entgaan,
Schull enen Kamp ik ook mit em ſlaan.
Et is wahr, hier is jo ſeggt
Man ſchall em öwertügen mit Recht:
Ja, mag he leben ſo länger een Dag,
So deit he vöör as na, all' wat he mag:
Kann man alltied Tügen daarbi nehmen?
So mag man ſtill em laten betähmen,
Bedreegen den Eenen na, den Annern vöör.
Nüms is'r, de gegen em ſpreckt döör,
Of de gegen em ſpreckt een Woort;
Man ſine Sake geit alltied foort.
He is daarto ook Nüms ſien Fründ,
Nich vun ju noch der Juen to kener Stünd.
Nich ſchall he vun hier wiken of gaan,
He ſchall mi eerſt to Rechte ſtaan.

Hier endigt dat dritte Book vun Reineke, den Voß.

Hier begünnt dat veerde Book vun Reineke, den Voß.

Dat eerste Capittel.

Isegrim, de Wulf, de klagde we'er.
He spröök: Verstaat mi recht, mien Heer!
Reinke is'n Bedreeger doch,
So as he vöörn Jahr was, is he noch.
He beschimpt foortan mien ganz Geslecht;
Ja, alle Schanne he vun mi seggt.
He hett veel Schanne mi andaan,
Mi un mien Wief, hört mi man an:
He brööp se ins an enen Diek
Un heet se waden in den Sliek.
He spröök: Will se vel' Fisse fangen?
Dann laat se den Steert int Water hangen.
Daaran schölen bieten so vele Fisse,
Dat v̈eer satt hebbt daaran, da's wisse.
Do güng se waden, so lang et güng
Un swumm bett dat de Steert er hüng,
Waar't deep noog weer, int Water in,
Daar was wol de Gefahr nich minn.

De Winter was kold un freesen dä't sehr,
Uuthöll se't so lang, bett se künn nich mehr.
An den Steert, daar sette an sik Jes
Un as se 'm uuttrück, würr se wies
Dat be warrn was sehr swaar;
Se meende Fisse weern d'ran, vöörwahr!
Do Reinke ditt seeg, de quade Deef,
Jk dür't nich seggen, wat do he bedrev;
He güng un öwermannde mien Wief.
Mi of em schall dat kosten dat Lief!
Ditt kann he nich leegen, et ga wa 't ga,
Up schienbarn Daad bedrööp ik em da.
Jk güng tofällig den Weg un leep in be Richte
Un as ik was kamen bi'n Barge an dichte,
Do reep se luut, de arme Deern!
Se seet daar faste un künn sik nich wehrn.
Do ik dat seeg un do ik dat hörde;
Wunder is't, dat't mi dat Hart nich tosnöörde,
Spröök ik: Reinke, wat deist du daar?
Ja, do he mi so würr gewahr,
Do leep he weg, de Bösewicht,
Un ik güng hen mit en bedrööft Gesicht
Deepe döör den Sliek to waden,
Jn't kole Water mösste ik baden
Ehr dat Jes ik künnde breken
Un helpen künn den Steert uuttrecken.
Doch, et wull us glief nich lücken.
Do se begünn den Steert to rücken,
Blev sitten int Jes dat veerde Deel
Un Pien un Wehdag' harr se veel.

Se reep so luut, dat de Buren kemen,
De us dä'n in den Diek vernehmen.
Ja, daar güng et do an en Ropen!
Se kemen so frefentliek up us tolopen
Mit Pieken, mit Exen un mit Stocken;
Dok kemen de Wiven mit de Wocken.
Se repen: Fang, smiet, steek, slaa to!
Ik kreeg nümmer mehr Angst, as do;
Datsülwe seggt ook Giremund, mien Wief.
Naue behelen wi Leven un Lief.
Wi lepen, dat us dat Sweet uutbrööt.
Daar was een Luder, de na us stöök
Mit en Pieke, groot un lang;
Düsse andäd us de meiste Dwang.
He was stark un flink to Foot,
De Nacht keem, de us Hülpe boot.
Doot weern anners seker wi bleven.
De Wiven lepen as ole Teven
Un repen, wi harrn ere Schape beten.
Och, de harrn us geerne wol smeten!
Se repen na us alle Schanne.
Do leep he wedder vunn Lande
Na't Water, daar stünn veel Reit,
Daar möken de Buren ümmedreit.
Se dürssten us folgen nich bi Nacht,
Wa sehr se weern ook upgebracht.
Et was man naue, dat wi entgüngen.
Seht, Heer! ditt sünd doch leedlike Dingen,
Ditt is Nothzucht, Moord, Verrath
Un hört ju to strafen, ahn' alle Gnad'.

Dat tweede Capittel.

De König spröök: Öwer düsse Klagt,
De Isegrim öwer Reinke hett bracht,
Daaröwer will wi holen Recht;
Man eerst will 'k hören, wat Reinke seggt. —
Reinke spröök: Wenn ditt wahr were,
Dat weer to nahe miner Ehre.
Gott bewahr' mi, dat man mi so fünn!
Et is wahr, ik wiesde't er, un
Waar se Fisse künnde fangen
Un upn goden Weg gelangen
An't Water in den Diek.
Man se leep daarna so gieriglik,
Dat se daar drade hen mücht kamen
As vun de Fisse se hörde de Namen.
Se heel wedder Weg noch Wise;
Dok dat se fast fröör in den Ise
Was schuld, dat se to lange satt.
Fisse harr sachts genoog se hatt,
Harr se bi Tiden uppetagen;
Man de Gierigkeit, de dä se plagen:
„Allto veel begehren is nümmer good;"
Ja, desülwe et faken weer missen mööt,
De sien Sinn un Gemöth daarup steit;
He kriggt den Geist der Gierigkeit,
Un is mit vele Sörgen beladen:
„Den Gierigen kann Nüms versaden."

So güng et ook Fru Giremund,
Do se also fast froren stund.
Ditt is mien Dank nu to düsser Stünn',
Dat ik er do hülp, al wat ik künn.
As se alsüß dä faste freren
Un ik se daar wull uutbören,
Was et vergevs, se was to swaar.
Do keem Isegrim tofällig daar
An't Öwer. Daar baben he stund
Un flöckde mehr as daarto was Grund.
Et is wahr, dat ik mi daarvun verfährde
Do ik also düsse Seegnungen hörde;
Ja, nich ene, man twee of dree!
Dat ik en Slagg mücht krigen wünskde he;
He begünnde vun Torn ook luut to ropen,
Do dacht ik, vöörwahr! nu is't Tied to lopen:
"Beter weglopen, denn verfulen!"
Mi scheen't nich geheuer daar länger to schulen;
He beerde sik as of he mi wull territen.
Et is wahr, wenn sik twee Hünne biten
Um enen Knaken, Een mööt verleesen:
Daarüm düchte mi dat Beste to wesen,
Dat ik uutweek sinen Torn;
He harr jo Sinn un Verstand verlorn
Un was mi gramm, so as he noch is.
Seggt he anners, he isn Bedreeger, da's wiß! —
Fragt sülwen man daaröwer sien Wief.
Wat geit mi an denn düsse Ketief?
Seht, Hehrer! as he dat würr wies,
Dat se fastfrören stünn int Jes,

Schüll un flöckde he öwerluut
Un güng do hen un hölp er uut.
Datsülwe waaröwer he ook hier klagt,
Dat jüm de Buren hebbt jagt;
Ja dat dä jüm beiden good,
Wiel et jüm maakde warm dat Bloot
Se weren ja verklaamt un verfrören,
Wat schall man hier noch länger na hören? —
Et is tomal ene grote Untücht,
Dat he alsüß sien eegen Wief belüggt;
Se is hier, man mag se fragen.
Weer't so, ja, se schull wol klagen! —
Ik bidde um Frist vun ene Weke,
Dat ik mit Fründe mi bespreke,
Dat ik mi bera'n do' öwer datsülwe
Wat ik antwöör hierup den Wulve. —
Do spröök Giremund, de Wulf sien Wief:
Seht, Reinke Voß, all ju Bedrief
Is Schalkheit un Büberie,
Leegen un Dreegen un Tüscherie;
Ja, de juc Wöre gründelk lövt,
De warrt wisse int Leste övt.
Jue Wöre sünd los un verworn,
Dat fünn ik also bi den Born,
Daar de twee Ammers hüngen an.
Ji weern in een darvun sitten gaan,
Daar was ji do mit sunken nedder
Un künnden ju sülwen nich heben wedder.
Stännen dä ji sehr; et was bi Nacht. —
Ik spröök: Wer hett ju hierin bracht?

Do ik ju hörde in de Pütte. —
Do spröök ji wedder: Et weer ju nütte;
Wenn ik in den annern Ammer dä stigen;
Ja, ik schull dann Fissen in Fülle krigen.
Ter Untied keem ik densülwen Weg daar;
Wiel ik meende, ji harrn spröken wahr.
Ji swören en Eed bi juer Seele:
Ji harrn daar Fissen al geten vele,
Dat ju weh dervun dä 't Lief;
Ik löwde ju, ik düllet Wief!
Ik steeg in den Ammer, do güng he nedder,
Daar ji inseten, de güng upwarbs wedder.
Dat wunderde mi, dat et güng also.
Ik spröök to ju: Wa geit dat to?
Daarup spröök ji to mi wedder:
Also geit 't in de Welt ook up un nedder,
Dat is nu so de Weltsverloop;
So geit et ook us beiden tohoop.
De Eene warrt erniedrigt, de Anner verhöögt,
Daarna, waveel en Jder hett Döögd;
So is nu de Welt er Stand.
Do sprüng ji up, ji lose Fant!
Ik blev daarin sitten den ganzen Dag,
Empfing daarto ook mennigen Slagg,
Ehr dat ik künnde kamen vundaar;
Wiel twee Buren mi würrn gewahr.
Ik seet daar hungrieg un bedröoft
In grötre Angst as mennigeen löwt.
Ditt Bad müsst ik köhlen un seet to luren,
Do spröken ünner sik de Buren:

Süh, hier nebben sitt de inn Ammer,
De jo to biten plegt use Lammer.
De Eene spröök: Haal se up na baven!
Se schall wol sehn, dat ik se kann staven,
Hier schall se nu betalen de Lammer.
Wa he mi stavde, dat was groot Jammer!
Ik dä baar krigen Slagg ower Slagg,
Nümmer harr 'k so'n bedröösden Dag;
Doch, ik entkeem jüm noch tolest. —
Reinke spröök: Dat was dat Best',
Dat ji würren slagen;
Släge köön j' beter as ik verdragen.
Een vun us müsste se jümmer liben,
So stünn et to, wol to de Tiden.
Släge künn wi beide nich entgaan,
Ik lehrde ju Goods, wull ji 't verstaan,
Dat is: Dat ji up en anner Tied
Beter up jue Höde sied,
Un Nüms löbet alltowol:
"Vun Loosheit ist de Welt so voll!" —
Ja, spröök Isegrim, dat is wahr,
Dat weet ik vun Reinke apenbaar;
Vun em heff ik den meisten Schaden:
Wa faken hett he mi verraden,
Ik hefft noch lang nich alle seggt!
Wi kemen ins mank dat Apengeslecht
Up enen Barg int Saxenland,
Daar ik binah' harr kregen veel Schand'.
He heet mi krüpen in en Gatt in
Dat et daar quad weer, leeg wol em inn Sinn.

Harr ik nich hastig söcht de Döre,
Een Ohr wol flöten gaan daar were;
He heet de Aapin vun sine Medder,
Dat ik er entkeem, was em towedder;
He wiesde mi in er fulet Nüst,
Ik meen, ik keem in de Helle jüst.

Dat dritte Capittel.

Reinke spröök to all' de Heeren,
De mit em daar to Hove weren:
Isegrim is nich recht bi Sinnen,
He spreckt nu vunr Apinnen
Wöre de nich, sünd recht klaar.
Et is nu heer wol dritte half Jahr,
Dat ik em folgde hen na Saxen;
Daar reisde he hen mit vele Faxen.
Lagen is et, wat he daar seggt;
Et wasn de vunt Meerkattengeslecht.
He seggt et unrecht, mi to wedder,
Meerkatten sünd nich mine Medder:
Fru Rukenau un Marten, de Ape,
Düsse is mine Medder un he is mien Pape;
He is Notar, he weet dat Recht.
Man dat Isegrim gegen jüm „Merkatten" seggt,
Datsülwe seggt he bloot mi to'n Hohn,
Mit de heff ik nümmer wat to doon;

Nümmer weern et mine Gesellen,
Se sünd den Döwel gliek utr Hellen.
Man dat ik se do wol Medder heet,
Ja, dat dä 'k alle man umt Geneet:
Daar künn ik do nix bi verleren,
Süß köönt se sik to'n Döwel scheren. —

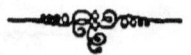

Dat veerde Capittel.

Seht, Hehrer! Wi güngen buten de Wegen,
Ünnen ann Barge, daar wi segen
Een düster Gatt, deep un lang.
Isegrim was vun Hunger krank;
Ik seeg em nimmermehr so satt,
Dat he nich geern noch mehr harr hatt.
Ik spröök: Dat Gatt, dat ik ju wiese,
Et feilt nich, dat ji find't daar Spiese.
De daarin wahnt, dat schall nich fehlen,
Dat de us Spiese deit mitdeelen. —
Do spröök Isegrim: Reinke-Ohm
Hier will ik wachten ünnern Boom;
Ji sünd bequamer daarto as ik.
Seht, süß wull he mi wisen int Strick!
He sä: Wenn ji daar find't to eten,
Dann wes't so good un lat't mi't weten.
Ik güng daar hennin döör en Gang,
Daar fünn ik en Weg, de was krumm un lang.

De Angst, de daar bi mi entstund
Wull ik nich um twintig Pund
Noch ins hebben. Daar weren
So vele eklige Deeren,
Kleen un groot, ook een Deel minner,
Dat weren de Meerapen ere Kinner.
De Meerapin leeg in dat Nüst,
Ik meen et weer de Döwel jüst;
Se harr en wide Mund un lange Tähne
Un Nagels an Hänn' un Föt', ik mene,
Dok enen gräsig langen Steert:
Ik seeg nümmermehr en ekliger Deert.
De Jungen wasn swart, vun selsen Maneeren,
Ik meende, dat et junge Döwels weren.
Se segen mi sehr grulsek an;
Ik dachte: Och, weer ik wedder van!
Se was gröter as Isegrim is,
Ere Kinner gleken er, da's wiß,
In fulet Hau legen se daar,
So'n Gesindel seeg ik nümmer, vöörwahr!
Beslabbert bett an de Ohren mit Dreck;
Et stünk daar as dat hellste Peck.
De Wahrheit to seggen künn daar nich deen'n,
Se wasn Vele un ik was alleen;
Dok möken se alle so'n hellsk Gesicht,
Un ik was bedacht up en anner Uutflücht:
Ik gröte se schön; ik meen et nich so,
Un sä: Mi dünkt ik kenn di, waso?
Ik heet se Medder, Fründskuppen de Kinner,
Un spröök: Gott late ju lange gesund ahne Hinner!

Ditt fünd jue Kinner, dat feh ik wol;
Se behagt mi Alle, jawol, jawol!
Wa lustig fünd se un wa schön,
Een Jder künn we'n vun den König een Söhn!
Daarum mag ik ju wol laven mit Recht,
Dat ji alsüß vermehrt use Geslecht.
Grote Freide weer mi ehrder wol kamen
Harr 'k wat weten vun düsse Fründskuppen tosamen;
Man kann jo to de flüchten inne Noth.
Ja, do ik er sodanige Ehre boot,
De ik nich meenbe so ann Enne,
Do dä se eerst recht, as of se mi kenne;
Se heet mi Ohm un was sehr froh,
Se hört to mi doch nümmer to.
Mi schad't nich, dat ik se Medder heet,
Wawol mi vun Angst uutbröök dat Sweet.
Se spröök to mi: Reinke, Frund,
Wes't willkamen! Sünn j' ook gesund?
Et is mi ene Freide alltied,
Dat ji to mi ins kamen sied!
Ji fünd kloof, ji köönt good lehren
Un ju Fründskuppen helpen to Ehren.
Seht, as ik dat hört harr vun er
Dacht ik: „Een Woort maakt veel Plaiseer,"
Dat Woort, dat ik se Medder heet
Un de Wahrheit achterafstaan leet.
Seeren was ik gaan vundaan;
Do spröök se: Ohm! nich ehr schööl j' gaan
Ehr ji eten hebbt 'ne gode Mahltied!
Seht, do bröög se mi up mit Fliet,

So vele Spisen, de 't nich alle kenn;
Mi wundert, wa de der wasn kamen hen;
Vun Hirsch un Hirschkoh un anners wat
Ik neem to mi un eet mi satt.
Do ik was satt un harr genoog,
Gev se een Stück mi, dat 't mit mi dröög;
Ditt, sä se, neemt mit vöör Fru un Kinner,
Vun den Hirschkoh een Stück dreeg j' ahne Hinner.
Seht, hiermit neem ik Afscheed vun er;
Se spröök: Reinke, kaamt faken heer!
Dat belovde ik un güng wedder uut,
Wiel et daar nich was sehr gut;
Et röök daar biester na de Weegen,
Ik harr binah' en Slagg wol kregen.
Et was noch goob, dat et so füll,
Ik leep vunbaan, as weer ik büll,
To'n Gate uut, daar ik inkeem;
Un do ik Isegrim verneem,
Leeg he un stännde ünner den Boom;
Ik spröök: Wa geit et ju denn, Ohm? —
He spröök: Nich wol, ik möt verbarven;
Mi dünkt ik möt vöör Hunger starven.
Ik erbarmde mi öwer sien Unglück
Un gev em to eten datsülwe Stück,
Dat ik kregen harr in dat Gatt;
Ja dat smeckde em as he 't att.
Daarvöör wüßt he mi groten Dank,
Al is de Günst ook warren Stank.
Isegrim spröök do he dat geten:
Reinke-Ohm, lat't mi weten,

Wer is dat, de wahnt in dat Gatt so holl,
Wa is't daar beschaffen, övel of wol? —
Do spröök ik wahr un lehr' em dat Best';
Ik sä: Daar isn sehr fuul Nest:
Doch, Spise, de is daar veel.
Will ji, dat man de mit ju deel;
So gaat henin, doch seht ju vöör,
Dat ji nich seggt de Wahrheit mehr.
Wahrheit to spreken, mööt ji daar sparen,
Is 'et, dat ji wol willt fahren.
De de Wahrheit sprect, alltied mööt liden
Verfolgung veel to alle Tiden,
Un mööt ook faken buten staan;
Wenn de Annern in de Harbarge gaan.
Ingaan heet ik em in dat Gatt
Wol empfangen schull he warrn, ik wüsst ja dat,
Wenn he dä spreken, wat he ook seeg,
Wat se geern hörden, un de Wahrheit versweeg. —
Seht, hehrer Heer König! Ditt weren de Woort,
De ik em lehrde, do he güng foort.
Wenn he nu jümmer dä hier gegen;
He daar wat öwer weg hett kregen,
Dat is vöörwahr sien eegen Schade;
Wiel he nich folgen dä minen Rade.
"In grave Plüggen, daar geit nich in
Wiesheit, Verstand, subtilen Sinn;"
Up Wiesheit acht't se, denkt nich upn Grund,
Daarüm haten se ook subtilen Fund;
Wiel se sülwen de nich verstaan.
Ik lehrde Isegrim vöör Alles dann

Dat, wull he sik vöör Schaden wahren,
He baar müßte de Wahrheit sparen.
He antwöör' mi: Ik weet wol dat!
Un daarmit güng he in dat Gatt.
Daar fünn he sitten de Meerapen,
De as de Döwel was geschapen,
Mit ere Kinner; he verfährde sik sehr
Un reep: Help, watn eklig Deer!
Sünd ditt alle jue Jungen?
De sünd je wol utr Helle entsprungen?
Gaat un verdrinkt se! Dat is Rath.
Böse Jahr' brengt wol ditt quade Saat!
Weren't mine, ik dä se uphangen,
Junge Döwels künn man wol daarmit fangen,
Wenn man se brachte uppet Moor,
Un bünn se daar faste up dat Rohr.
So recht eklig sünd se geschapen,
Un mögen mit Recht wol heeten: Moorapen! —
De Meerkatte was bi'r Hand un sä:
Wat vöör en Döwel schickt ju denn, he?
Wat do' ji denn hier to gaffen,
Un wat hei hier to schaffen?
Of se fuul sünd ebber schoon,
Wat hei daarmit to doon?
Reinke Voß, de doch is klook,
De was vundage bi us ook;
De spröök, dat mine Kinner weren,
Alle weerth wol grote Ehren.
He heel se vöör sine geboren Frünne,
Dat is wol heer eerst kuum en Stünne.

Behagen se ju nich, so as se em däben,
Wat do' ji hier? Nüms hett ju beden!
Dat segg ik ju, Isegrim, will ji 't weten. —
Do begehrde Isegrim vun er wat to eten;
He spröök: Langt heer! Of ik ga söken,
Et helpt mi beter, as düsse Spöken.
He wull er Spise nehmen mit Macht,
Do kreeg he, wat em was todacht:
Se sprüng up em un beet,
Mit ere Nagels reet se un spleet.
Ere Kinner dä'n desglick,
Se beten un kleiden gruelick. —
He begünnde to hulen un to ropen,
Dat Bloot dä öwer sine Wangen lopen;
He sette sik ook nich to Wehre,
Un leep wedder uut wol hastig sehre.
Do ik em seeg was he terbeten,
Terkleit, terreten un spleten;
Em was knepen mennig Gatt,
Un sien Kopp vun Bloot was natt.
An een Ohr harrn se em ook plückt,
Ja, so däge wasn se up em rückt.
Ik fragde em, do ik em seeg so terkleit,
Of he doch spröken harr de Wahrheit? —
He spröök: Ik sä et, as ik 't daar fünnen,
De ekkige Teve hett mi schünnen.
Weer se hier buten, se schull et betahlen!
Wat dünkt ju Reinke? Ere Kinner tomalen,
Wa slimm un eislick de uutsehn! —
Do ik dat sä, was 't um mi geschehn;

Do fünn ik bi er kene Gnade,
Wat keem 'k arme Döwel do to Bade! —
Do sprök ik wedder: Wat sünn ji verkehrt!
Alsüß heff ik ju doch nich lehrt.
Ji schulln seggt hebben, hört mi nu:
Leeve Medder! Wa geit et ju
Un ju schöne Kinner int Gemeen?
Et sünd mine Neven, groot un kleen. —
Do sprök Isegrim to mi wedder:
Ehr ik de wull heeten Medder
Un ere Kinner mine Neven,
Ehr wull ik se den Döwel geven!
Ere Fründskup is nich mack,
Et is dat allerslimmste Pack! —
Seht, um ditt Isegrim empfüng,
In 'ne Münte Betahlung as daar güng.
Hehrer Heer König! markt un seht,
Seggt he nich Unrecht, dat ik em verröd? —
Frägt em sülwen, he was jo mit daar,
Of so sik de Sak' nich verhöllt un is wahr? —

Dat sievde Capittel.

Isegrim spröök wedder an:
Wenn wi willt nat Enne slaan,
Mööt wi denn süß alltied kiwen?
De Recht hett, den schall't Recht wol bliven.

Reinke, ji schöölt krigen den Ramp!
Ik will mit ju slaan en Kamp!
Hei dann Recht, so sind't sik dat.
Ji spreekt hier vunt Apengatt,
Un wa ik was in Hunger groot
Un ji mi brachten Spies in Noth.
't was man en Knaken, so as ji weten,
Dat Fleesk harr ji daaraf al geten.
Ji spottet mi, waar ik ook sta
Un spreket mine Ehre to nah'.
Ji hebbt mennig een spöttsk Woort
Mit Lagen up mi bracht hier foort,
Dat ik den König sien Leben nich günnde
Un dat ik na sien Lief em stünnde.
Ji belovden den König to wisen en Schatt,
Et dürt wol noch lang ehr he den hatt!
Ji hebbt mien Wief, de Wulfin,
Schänd't, dat se nümmer kann verwin'n.
Ditt sünd de Saken, de ik ju wies!
Wi willen kampen um Olt un Nies,
Ik förder ju to Kamp to düsse Tied;
Ik segg, datn Verrader un Möörner ji sied.
Ik will mit ju kampen Lief um Lief:
Süß mag' Eens endigen usen Kief.
De uutbütt den Kamp, so seggt dat Recht,
De gev een Handske den Annern, aën to boon ook plegt;
Den heff ik hier, neemt em to ju!
Drade schall sik dat finnen nu.
Hehrer König, un alle ji Heern int Gemeen!
Ditt hei hört un mögt nu sehn,

Dat he nich wickt vun düsset Recht,
Ehr düssen Kamp wi hebbt uutfecht't. —
Do dacht Reinke in sien Gemoth:
Ditt kann kösten Lief un Good,
He is groot un ik bün kleen;
Wenn ik mien Kans nu do' versehn,
So is verlorn all' mine List;
Wenn 'k awer man eerst een Vöördeel wüsst,
Dann schall't nich gaan na sinen Willen,
Un leet ik de Klauen al vöör em affillen,
Un is sien Moth noch nich asköhlt,
Ik hop', dat he 't noch eenmal föhlt. —
Daarna sprook he we'r to'n Wulf:
Een Verrader, Isegrim, sünn ji sulf.
De Saken, de ji up mi do't leggen,
De leeg' ji alle, so veel as ji seggen.
Mit ju to kampen, dat mööt ik wagen,
Daarvöör do' ik ook heel nich zagen.
Ji brengt mi hen, daar 'k geern weer,
Ditt was jo alltied mien Begehr.
Isegrim lüggt hier, wat he seggt,
Ik sett een Pand hierbi nat Recht. —
De König empfüng de Panden do
Vun Reinke, vun Isegrim daarto
Un sprook: Ji Twee schöölt setten Börgen,
Dat ji denn kaamt to kampen mörgen.
Ji sünd verworrn vun beide Siden,
Anhörn will 'k nich langer ju striden. —
Isegrim sien Börgen würren daar
Hinze, de Kater, un Bruun, de Baar.

Mönke, de Junge, Marten de Ape sien Söhn
Un Grimbaart, vöör Reinke dä'n Börge we'n.

Dat sösste Capittel.

Do spröök to Reinke de Aapin:
Reinke Fründ, wes't klook vun Sinn!
Marten mien Mann un ju'n Ohm,
De nu hentagen is na Rom,
De lehrde mi ins een Gebett,
Dat de Abbt vun Sluukup schreven hett.
De Abbt harr Marten leef
Un gev em ditt Gebett in Breef;
He spröök: Dat Gebett is good alltied
Vöör den, de gaan will in den Striet,
De schall ditt Gebett nau öwerlesen,
's Mörgens nöchtern, so schall he wesen,
's Dags frie vun alle Noth,
Un behöd't we'n vöör den Dood —
Densülwen Dag to alle Stunden;
Nüms schall könen em verwunden.
Erlös't he we'n vun alle Noth,
Hierum, Neve, hebbt goden Moth!
Ik will öwer ju lesen mörgen,
Un ji bruukt vöör den Dood nich sörgen. —
Reinke spröök: Mine leeve Medder!
Ik dank' ju sehr un denk' ju 't wedder;

Mien Sake is rechtfarbig baben all,
Datsülwe mi meist wol helpen schall. —
Reinke sien Frünne, de Nacht daar bleven,
Dat se em de Sörgen verdreven.
De Aapin, Fru Rukenau,
Was Reinke good un ook sehr trau;
Se leet em twusken Steert un Kopp
Bunn Buke an bett um de Bost henop
Alltomal sien Haar afscheeren,
Daarto mit Fett un Öllje besmeren.
Reinke was rund, fett un wol gefoob;
Se spröök: Reinke, seht to, wat ji do't!
Hört up gode Frünne ern Rath,
Dat deit ju goob un nümmer quad.
Drinkt nu veel to düsse Tied
Un bett ji uppen Plaß kam'n sied,
Hollt ju Water so lange mit Macht;
Man dann wes't vöörall daarup bedacht:
Pisst juen rugen Steert dann vull
Un slaat den Wulf um den Baart as dull.
Köön ji em in de Ogen raken,
Ji warrt sien Gesichte düster maken.
Datsülwe mücht ju sehr wol framen
Un em to groten Hinner kamen.
Ditt mööt Alles ji süß wagen.
Eerst laat ji 'm achter ju anjagen;
Dann loop ji süß gegen den Wind
Daarhen, waar veel Stoff un Sand man find't,
Dat em dat in de Ogen deit weihen.
Dann mööt ji ju vun em dreihen,

Dewiel he uutwischt sine Ogen.
Denkt so up ju Böördeel, all' wat ji mögen;
Ja, in sien Angesicht mit ju Piss,
Schall he nich weeten, waar he is.
Seht Neve, et is nu so geschapen,
Leggt ju en Beten daal to slapen!
Wi willt ju wecken, wenn't is Tied.
Eerst will ik öwer ju lesen mit Fliet
De hillgen Wöre, daar ik vun sä —
Daarmit de Hand se up em le'
Un spröök: Gaudo statzi salphenio
Casbu gorfous as bulfrio!
Seht Reinke, nu sünn ji wol verwahrt;
Dok spröök so de Greving, Grimbaart.
Süß brachten se em tor Ruhestä,
Daar sik Reinke slapen le';
He sleep bett dat de Sünne upgüng.
Do keem de Otter un de Greving
Reinke to wecken mit sik beiden.
Se spröken: He schull sik wol bereiden.
De Otter gev em en Aantvagel, jung,
Un spröök: Ik sprüng daarna mennigen Sprung,
Ehr ik den Vageler em namm
Bi Höhnerbrod, recht an den Damm;
Den schööl ji eten, leeve Vedder! —
Da's gode Handgift, spröök Reinke wedder,
Versmähde ik dat, weer 'k wol sott,
Dat j' an mi dacht, lohn' ju Gott! —
Reineke eet wol un drünk daarto
Un güng mit sine Frünne do

Na den Platz un up den Plaan;
Daar man den Kamp schull slaan.

Dat sebende Capittel.

As de König Reinke verneem,
Dat he so beschoren keem,
Dat man em uppen Platz so brachte,
Lach' he daaröwer all wat he mochte.
He seeg em so mit Fett insmeert
Un spröök: O, Voß, wer hett dat di lehrt?
Du magst wol heeten Reinke Voß,
Du büst jüm alltomal to los!
In alle Dorden findst du en Gatt,
Wat di nu helpt, du findst wol dat. —
Reinke neeg' sik vöörn König sehre,
Un bood ook der Königin sine Ehre;
He zeigde sik so wolgemoth
Un sprüng uppen Platz ahn' Sörge un Noth.
Daar was de Wulf mit sine Frünnen,
De Reinke alle Quad wasn günnen;
Se spröken mennig düllet Woort.
De Platzwaarders brachten de Hillgen foort:
Dat was de Leopard un de Loß.
Daar müßten sweren Wulf un Voß
Um wat se uppen Platz daar kemen.
De Wulf den eersten Eed dä nehmen;

He swöör, dat Reinke weer en Verrader,
En Deef, en Möörner, en Missedader,
En Ehbreker un en falske Ketief:
Ditt gelt us beiden Lief um Lief! —
Reineke swöör dann un sä:
De Wulf en falsken Eed daar dä;
He swöör ook, dat Isegrim, de Heer,
Em beloog un unrechtfarbig weer,
Un nümmer den Eed wahr maken künn. —
De to bewahren den Platz daar stün'n,
Spröken: Do't jue Schüldigkeit!
De rechtfarbig is, warrt bra' befreit.
Do güngen henuut de Klenen un Groten;
Man düsse beiden würrn daarin besloten.
De Aapin erinner' Reinke an de Woort,
De he vun er eerst güstern hört.
Reinke spröök mit frien Moth:
Ik weet, ji segen 't geerne goob;
Nich to minn, ik will daaran!
Ik bün wolehr bi Nachttied gaan,
Daar ik Sodanigs hebbe haalt,
Dat noch nich alle is betahlt,
Daarüm ik müßte wagen mien Lief.
So will ik ook gegen düssen Ketief,
Mien Lief nu wagen un doon datsulwe
Un schänden em un all' de Wulve.
Ik hop' to ehren mien ganze Geslecht,
Un will 'm indriven, wat he hett seggt. —
Süß leten se düsse Twee alleen;
Daar künn man do twee Kämpers sehn!

Dat achte Capittel.

Isegrim keem mit grote Nied,
Sine Klauen un Mund dä up he wiet,
He leep un sprüng daar Sprünge groot.
Reinke was lichter as he to Foot,
He entsprüng em all wat he künn;
Doch ehr he düssen Kamp begünn,
Sien ruge Steert de pisste he vull
Un maakde em vull Sand un Mull.
Do Isegrim meende he harr em wiss,
Do slöög Reinke to mit de Piss,
Mit sien Steert een Slagg
Em in de Ogen, dat he nich sagg.
So maakde Piss' he 'm in de Ogen,
Dat was Een vun sien ole Togen.
Wiel Reinke sien Pisse is so quad,
So is daarvöör man selten Rath;
De düsse in de Ogen keem
De 't dat Gesichte nich beneem.
Reinke harr tovören Isegrim sine Kinner
Hiermit andaan groten Hinner;
He harr jüm de Ogen uutpisst
Waar wi hebbt vun to spreken wüsst.
Süß meende he ook Isegrim to maken blind;
Wiel he, so bald he keem gegen den Wind,
Kleide in dat Sand un Mull
Un smeet den Wulf de Ogen vull.

15*

Isegrim wischde, Smart möök et em
Mit den Steert Reineke toslöög denn
Un blennde em so mitr Migen;
Isegrim begünnde dat satt to krigen.
Up sücke List dä Reinke Fliet:
So wenn he seeg, dat he harr Tied
Un dat dä tranen ben Wulf dat Oog
Keem he springen un slöög
Un blennbebe em jümmer noch mehr;
Daarto verwunde he 'm ook sehr.
De Wulf was bald man mehr half klook.
Reinke speie Wöre öwer em möök;
He spröök: Heer Wulf! mennig Lamm hei wol namen,
Dat in sien Unschuld to ju is kamen,
Daarto ook mennig unnösel Deer!
Ik hoop, ji do't bat nu nich mehr.
Ditt is juer Seelen tomalen goob,
Dat ji hier süß Afbibbe do't.
Wes't gedüldig, et nimmt bra' en Enne
Ji sünd nu kamen in Reinkes Hänne;
Doch will ji bibben un ju versohnen,
Dann will ik ju Leben schonen. —
Düsse Wöre sprööf Reinke mit Hast
Un heel derwielen Isegrim fast
Bi sine Kehle un dä sien Wark.
Man Isegrim was em allto stark.
He bröök sik los mit een Paar Togen;
Doch tast' em Reinke twusken be Ogen,
Verwunden dä he sehr sine Huub
Un kleide em ook een Oge uut.

Dat Bloot leep öwer sine Näsen,
Reinke spröök: Ja, so schull't wesen! —
De Wulf verzagde in sien Gemoth
Do he süß seeg sien eegen Bloot
Un dat een Oge he harr verlorn;
He würr rasend vun groten Torn.
He sprüng na Reinke, dat he 'm fate,
Datsulwe Reinke nich veel bate.
Isegrim sien Smarte vergeet,
Reinke platt he ünner sik smeet.
Reinke bruukde sine Böörföte as Hänne,
Een daarvun kreeg Isegrim ann Enne
In sien Mund, Reinke sien Hand.
Do würr Reinke mit Sörge bekannt;
He fürcht de Hand to warrn quiet.
Isegrim heel fest mit groten Nied
Un spröök to Reinke mit vullen Mund:
O, Deef! nu's kamen dine Stund.
Giff gewunnen of 'k sla di boot!
Dien Bedreegen is west to groot:
Dien Stoff kratzt, dien Piße, dien Scheeren,
Dine groten Lagen, dien Fett smeren!
Du hest mi soveel mißdaan,
Nich schallt du mi nu entgaan;
Wa faken hest du mi al schänd't
Un nu mi up een Oge blend't! —
Reinke dacht': Nu lieb' ik Noth;
Gev 'k mi nich, so bün ik doot;
Gev 'k mi ook, so bün ik schänd't,
Verdeent heff ik 't gegen em ann End'.

Mit söte Wöre güng he 'm an;
He spröök: Leeve Heer Ohm, ik ju Mann
Will geerne we'n mit all mien Habe,
Un vöör ju gaan na'n hillgen Grabe,
Na alle Karken int hillge Land,
Un brengen daarhen vun juer Hand
Breve un des Aflaats so veele
Vöör ju un juer Öllern Seele.
Ik will ju holen sodanig in Ehren
As of ji Papst to Rom wol weren;
Ik will ju sweren enen Eed,
Ju Knecht to we'n in Ewigkeit;
Daarto all' mine angeboren Frünne
Schöölt ju beenen to iber Stünne.
Ditt segg ik ju bi mine Eden,
Den König wull ik ditt nich beeden!
Will ji süß doon ditt unverwandt,
Warrt ji Heer warrn vun düsset Land,
Un Alles, wat ik fangen kann
Schall eerst in ju Beleeven staan:
Sien et Höhner, Göse, Aanten of Fiß,
Ik will se brengen up juen Diß;
Ehr ik daar wat vun bruken schall,
Schölen ju Wief un Kinner all',
De Köör daarin hebben alle Tied.
Daarto will ik mit grote Fliet
Alltied na juen Lief ook sehn,
Dat ju nümmer kann Quad geschehn.
Ik ga vöör los, un ji sünd stark,
Hiermit will wi doon dat Wark.

Hol' wi tosamen, wer kann us schaden?
De Ene mit Macht, de Anner mit Raden!
Un wi sünd ook so nah' verwandt,
Dat et liggt so uppe Hand,
Dat wi us nich bestriden scholen.
Ik harr nooit en Kamp doon holen
Gegen ju, harr 't künnen entgaan;
Man ji spröken mi to kämpen eerst an,
Do müßte ik doon, wat 'k nich geern däde.
Doch heff ik moje Gefahren daarmede,
Un mine Macht nicht half bewesen;
Man ik heff mi as 't Höchste presen,
Ju, mien leeve Ohm, to sparen:
Anners, was 'k anners mit ju verfahren!
Harr ik up ju dragen Haat,
Ji harrn 't hatt wol veelmehr quad.
Hier is noch nich veel Scha' geschehn,
Un mit ju Oge, da's een Versehn.
Och, datsülwe deit mi so leed!
Doch dat Beste is, dat ik wol weet
Goden Rath, ju et to heelen;
Wat ik kann, will 'k ju mitdeelen.
Blifft dat Oge denn weg un warr ji heel,
So is't ju doch en groot Vöördeel:
Een Finster bruuk ji man to sluten,
Waar ji slaapt, binnen of buten,
Daar een Anner mööt twee todoon.
Noch will ik ju doon en anner Suun;
All' mine Frünne, daar ik öwer rade,
Mien Wief, mine Kinner, na Rang un Grade,

Schölen fik neegen vöör ju tor Ehre,
Daar et de König süht, use Heere,
Un bidden, dat ji Reinke vergeben,
Un döör ju Gnade em lat't leben.
Dok will ik bekennen apenbaar,
Dat ik heff spröken vun ju unwahr
Un heff schändelk up ju lagen
Daarto mennigwarf bedragen.
Dok will ik ju sweren een Eed,
Dat ik nix Quades vun ju weet;
Dok will ik ju nargens beleidigen we'r,
Kann 't groter Suun ju beeden, Heer?
Maak ji mi boot, wat liggt daaran?
Ji mööt jo alltied fürchten dann
Mien Geslecht un mine Frünne.
So is 't ju beter in düsser Stünne,
Ohm, dat ji sied klook un wies,
Un verwarvet ju Ehre un Prieß,
Un dat ji maakt ju vele Frünne,
De ju beenen alle Stünne.
Et is mi nu doch nich to Baten
Of ji mi boben, of leben laten. —
Do sprook de Wulf: O, falske Voß,
Wa geeren weerst du wedder los!
Weer de ganze Welt vun Gold, vunt robe,
Kunnst du mi geben de in dine Robe,
Möök ik di daarvun doch nich quiet!
Du hest mi swöörn to mennige Tied,
Och, du falske untrue Geselle!
Du gevst mi nich vun een Ei de Schelle,

Leet ik di los in düsse Stünne.
Mi scheern nich veel all' dine Frünne,
Wat se köönt doon, dat will ik wagen,
Un ere Fiendskup will ik dragen.
Och, wa schü'st du mi anfähren
Leet ik di los un dann gewähren!
Wa schü'st du enen Annern bedreegen,
De nich sik versteit so up dien Leegen!
Du spreckst, du hest mi spaart!
Süh hierheer, Schalk vun quade Art,
Is nich Een vun mine Ogen uut?
Dok hest verwund't du mine Huud
Mehr, denn up twintig Stä'n;
Du leetst mi nich so lang in Fre'n,
Dat ik mien Athem künn uphalen.
Wa sehr schull ik nich dwalen,
Wenn ik di andä jennige Gnade,
De ik vun di heff Schann' un Schade,
Nich ik alleen, man ook mien Wief:
Dat schall di Verrader kosten dat Lief! —
Dewiel de Wulf gegen Reinke süß spröök,
Reinke sine ann're Hand ünnerstöök
Den Wulf twusken sine Beene,
Un greep em faste, waar ik meene,
Bi sien — ja, ik segg nich mehr;
De Wulf reep un begünn to hulen
Do töög Reinke we'r uut sien Mulen
Sine Hand, de daar tovören instack.
Isegrim harr groot Ungemack:

Reinke kneep un töög em, dat he schreide
So sehr, dat he Bloot ook speibe;
Bun Pien bröök em uut dat Sweet,
Daarto he se achter striken leet.
Reinke, de den Wulf sehr hat't
Harr em bi siene Klöten fat't,
Mit siene Hänne un Tähne so fast.
Süß keem up Isegrim all' de Last;
He harr so grote Pien daaraf,
So, dat he sik ganz begaff.
Dat Bloot leep uut sine Ogen un Kopp,
He störte ne'r un güng baarop.
Hiervöör harr Reinke namen keen Geld;
Sehr fast he 'm bi de Klöten heelt,
He begünn to slepen un to tehn,
Dat se et alle möchten sehn;
He kneep em, he slöög, he kleibe, he beet;
Isegrim huulde, he reep, he scheet,
He drev also groot Mißgebeer',
Dat all' sine Fründe bedröösden sik sehr.
Se beden den König, weer't em bequem,
Dat he doch den Kamp afneem'. —
De König spröök: Is 't ju leef,
Dünkt ju et good, wenn 'k dat bedreef? —

Dat negende Capittel.

As 't de König hebben wull,
Dat de Kamp nu anstaan schull
Twusken Wulf un Voß,
Güng Leopard un Loß
Uppen Platz na Beiden to,
As 't de König seggt harr, do.
Se waarden den Platz, dat was er Wark.
As se kemen in den Park,
To Reinke sprööken se tohand:
Reinke, de König maakt bekannt,
Dat de Fehde twusken ju beiden
He will slichten un ook scheiden;
He bidd't, dat ji 'm willt öwergeben
Isegrim un lat't em leben.
Blev Een vun ju in düssen Striet,
Dat weer Schade up elke Siet!
Ji hebbt doch den Prieß beholen,
Ditt spreekt hier Beide, Jung un Olen,
All' de Besten staat ju bi. —
Reinke sprook: Jüm dankt vun mi!
Ik will na'n König doon un hören,
Wat mi süß ook mag gebören;
Ik bün to fre'n nu 'k Siger bün.
Doch bidd' ik, dat mi de König günn,
Dat ik eerst frage mine Frunne. —
Do repen se Alle, de stünnen int Runne:

Ja, Reinke, et dünkt us good,
Dat ji de König sien Willen do't! —
Reinke sine Frünne kemen anlopen,
Der wasn vele, in grote Hopen:
De Greving, de Ape un ook de Katte,
Otter un Biber un Marders, de weern wol batte,
Hermelins, Wieselkes un Eekhoorn,
Ja, Vele, de up Reinke harrn Torn
Un em tovören nich nömen mochten,
De seeg man, wa se 'm Ehre brochten.
Etlike, de klagen sünst öwer em dä'n,
Wer'n nu sine Frünne, so as man künn sehn
Un kemen to em mit Wief un Kinner,
Groot, kleen, lüttik, un ook noch minner;
Em bewesen düsse de meiste Günst.
Dittsülve is noch öwerall de Künst:
"De 't wolgeit, de hett vele Frund';
To den sprekt man: Wees lang gesund!"
"Man de 't mißgeit, wa good he is,
Wenig Frünne hett de, da's wiß!"
So was 't ook hier: Do Reinke wünn,
Do wol een Ider em bistünn.
Etlike dä'n fleiten, etlike süngen,
Posaunen blösen, Trummen klüngen.
Reinke sine Frünne spröken em to!
Reinke, sä'n se, weset froh!
Ji hebbt königliek in düsser Stünne
Ju ehrt un alle jue Frünne.
Wi weren groot bedrööft, to dägen,
Do wi ju ünnerliggen segen;

Doch et slöög um, dat wasn good Stück. —
Reinke spröök: Ja, 't was mien Glück! —
Reinke dankte sine Frünne All'.
Süß güngen se hen mit groten Schall,
Reinke vöör jüm alle dā gaan
Un mit de Platzwaarders vöörn König staan.
Reinke kneede vöör em ne'r,
De König heet em upstaan we'r
Un spröök to em vöör all' de Heeren,
He harr den Kamp bestaan mit Ehren:
Hierüm Reinke laat ik di fri,
Un all' de Scheel neem ik an mi
Twusken ju beiden ahn' alle Straff
Un will mien Goodbünken geben af
Na'n Rath vun mine Eddellü',
Dat do' ik vundag' versekern di;
Dat Eerste, kann Isegrim we'r gaan,
Schall't we'n; so lang schall't noch anstaan. —

Dat teinde Capittel.

Reinke spröök: Hehrer, juen Rath
Folg' ik geern fröh un spaad.
Hier klaagde mennigeen, bett ik keem,
De doch vun mi nooit Schaden neem.
Isegrim möök gegen mi Parthie, dat möök,
Dat se Alle: kreuzige! repen ook.

Dat mi en Jder Schaden brachte,
Sä he öwer mi Alls, wat he mochte;
Een Jder wull Jsegrim behagen,
Daarüm begünnen se mit to klagen.
Se segen, bat Jsegrim was good topass,
Bett ik hierher wol kamen was.
Nüms dachte recht na öwert Ende,
Nüms wol recht de Wahrheit kennde.
Se sünd gliek enen Hupen vun Hünnen,
De ins vöörn Köken stünnen;
Se stünnen jümmer as uppe Wacht,
Of jüm wat würr to eten bracht.
Do segen se utr Köken kamen
Een Hund, de ben Kock harr namen
Gesoden Fleesk, een grotet Stück;
Doch kamen bä't em to 'n Unglück:
De Kock begoot em sien Achterkasteel,
Un verbrenn' mit heet Water ben Steert em heel;
Doch beholen bä he, wat he baar neem.
Do he manken be Annern keem,
Do spröken vun em all' be Hünne:
Seht, düsse hett ben Kock to Frünne!
Seht, wat vöörn Stück, bat he 'm gaff!
Do spröök he webber: Ji wet't nix b'raf;
Ji pries't mi, wiel ju 't beit behagen,
Dat ik een Stück Fleesk do' bragen;
Seht mi eerst achter uppen Steert,
Un pries't mi benn, bün ik et weerth.
Do se em do vun Achtern besegen,
Wa he baar was verbrennt so bägen;

Sien Haar güng em gewaltig uut,
Em was verbrennt un verschrumpelt de Huud.
Jüm graude, so Jung as Old, daarvöör,
Se keken scheef na de Kökendöör;
Se lepen un leten em alleen.
Hehrer, hiermit ik de Gierigen meen':
Kriegt se Gewalt, dann sünd se stolt,
Een Ider se denn to Frünne hollt;
Man entsüht sik vöör jüm alle Stünne,
Wiel se drägt dat Fleesk inn Münne.
Ider mööt spreken as se et willt,
Of he warrt mitnamn, beschoren un drillt;
Man mööt se laven, of se sünd quad:
Süß warrt starkt ere böse Daad.
Ja, alle, de ditt doon int Gemeen,
Wa wenig se upt Enne sehn!
Doch kriegt Sodanigen faken Straff,
Er Regiment sleit brabe af.
Tolest mag man se denn nich li'n,
Süß fallt jüm dat Haar uut up beide Si'n:
Dat sünd ere Frünne, groot un kleen,
De fallen denn af int Allgemeen.
Un lat't se süß allene staan,
Gliek as ook de Hünn' hefft daan,
Do se segen eren Kumpan verbrannt,
Un achter Bloot un Schimp un Schand'.
Hehrer, verstaat mine Wöre recht!
Nich schall vun Reinke süß warrn seggt.
Ik will't so All' to'n Besten ramen,
Mine Frünne schöölt sik nümmer nich schamen.

Ik dank' juer Gnaden mit alle Fliet,
Wüsst ik juen Willen, den dä 'k alltied! —

Dat elfte Capittel.

Wat helpt vele Wöre? de König spröök.
Ik heff 't all wol hört un ook
Wol den Sinn daarvun verstaan:
Ik will ju setten we'r baben an
In minen Rath, asn ebbel Baron
Un will, dat ji bitt annehmen doon,
Un dat ji fröh un spaad
Kaamt to minen heemliken Rath:
Ik sett ju wedder in, in all' jue Macht.
Seht, dat ji ju vöör Misseda'n wacht!
Helpt alle Saken to'n Besten kehren!
De Hof, de kann ju nich entbehren.
Wenn ji ju Wiesheit set't tor Döögd,
So is hier Nüms baben ju verhöögt,
In scharpe Raden un naue Fünnen.
Ik will foortan to alle Stünnen
Nich mehr hören, de öwer ju klagen.
Ji schöölt vöör mi spreken un dagen.
Dok schööl ji we'n Kanzler vunt Riek;
Mien Segel bewahren ook togliek.
Wat ji bestellt, wat ji do't schriven,
Dat schall bestellt we'n, schreven bliven. —

Alsüß is Reinke ann Fürstenhof
De Allergrötste warrn vun Loff.
Wat he beslutt, wat he deit raden,
Et is All' eens, mag 't framen of schaden.

Dat twölfte Capittel.

Reinke dankde den König sehr;
He spröök: Ik dank' ju, eddel Heer,
Dat ji mi so veel Ehr' ando't,
Ik schall ju 't gedenken, bett inn Dood. —
De Lehrer, de düsse Geschichte schrev,
Seggt nu ook, waar Isegrim blev:
He leeg uppen Plaz, he was övel fahren,
Sine Frünne güngen to em bi Paren;
Sien Wief un Hinze, ook Bruun, de Baar,
Sine Kinner, sin Gesinn, sine Frünne weren daar;
Se drögen em vunn Plaz mit Klagen,
Un dä'n em upr Barve dragen
In Hau, daar he warm in leeg.
Tohand man sine Wunnen beseeg:
Der weren twintig un söss.
Daar kemen vele Mesters vun't Krummes',
Se verbünnen sine Wunnen un geben em Drank,
He was in alle Leben krank;
Se freven em Kruut in sien een Ohr,
Ja do prusste he achter un voor.

De Mesters spröken: Em schall't nich schaden,
Wenn wi em smeren un baden.
Hiermit trössteden se sine Frünne
Un le'n em to Bedde tor sülwen Stünne.
He sleep in, doch nich sehr lang;
Allermeist was em daarvöör bang,
Dat he sien Mannheit schull verleren,
All' sien Good würr he entbehren,
De he sien Dage harr verworven.
Besünners sien Wief, Fru Giremund,
Sehr bedrööft daar bi em stund;
Ere Bedrööftheit was mennigerhand:
Reinke möök er Schand' öwer Schand',
Isegrim harr an de Klöten he rückt,
Un harr em daarbi also plückt,
Dat he dat nich künn verwinnen;
He was rasend un vun Sinnen.
Ditt was Reinke all' wol mit;
He heel an sine Frünn' ene Rede öwer ditt,
Un scheede uutn Hof
In Hochmoth un mit grotet Loff.
De König gev em een Geleide,
Do he also vun em scheide;
He spröök: Reinke kaamt brade wedder! —
Reinke kneede vöör em nedder;
He spröök: Ik dank' ju mit Hart un Sinn,
Daarto miner Fru, de Königin,
Daarto juen Rath un all' de Heeren,
Gott spare ju lang to juer Ehren!

Ik will doon, wat ji begehrt;
Ik heff ju leef, ji sünd et weerth.
Ik will reisen to Wief un Kinner,
De öwer mi lib't groten Hinner,
Hehrer! is 't, dat et ju behagt. —
De König spröök: Ja, wes't unverzagt!
Reis't hen ahne alle Gefahr! —
Alsüß scheede Reinke vundaar
Mit moje Wöre un grote Günst. —
Ja, de süß noch köönt Reinke sine Künst,
De staat in Ansehn un in Ehren,
Öwerall, bi all' de Heeren,
Is 't inn geestlik of inn weltliken Staat.
Vun Reinke geit nu uut de meiste Rath;
Sien Geslecht, dat is nu groot vun Macht
Un wasst alltied, ja Dag un Nacht.
De Reinke sine Künst noch nich hett lehrt,
De's inr Welt ook nich veel weerth;
Der warrt nich hört up sine Woort,
Mit Reinke sine Künst kümmt mennig foort.
Inr Welt nu vele Reinkes sünd,
Ahn' roden Baart man mennigeen sind't,
Is 't an den Papst of den Kaiser sien Hof,
Se maken 't eendeels nu to groff.
Bestekung deit beholn dat Feld.
Man kennt to Hove nix beters as Geld.
Dat Geld swemmt allerwegen boven,
De Geld hett, de kümmt wol inn Pröven.
De Reinke sine List nu bruken kann,
De warrt ook brade de eerste Mann.

Hiervun warrt nu nich mehr seggt,
Man wa't Reinke güng mit sien Geslecht,
Der weren wol veertig an Getall;
Düsse weren freudig all',
Se scheeden uutn Hof mit grote Ehr'.
Reinke güng vöör jüm up asn Heer
So wolgemoth, dat sien Steert sik krüll'
Un bannig in de Breede swüll.
Wiel he harr des Königs Gnade
Un dat he wedder seet inn Rade.
He dachte: Hier schall keen Schade vun kamen,
Wem 'k nu will, den kann ik framen,
Un we'n mine Frünne alltied hold,
Noch pries' ik Wiesheit baben Gold!

Dat dörteinde un leste Capittel.

Alsüß güng Reinke na sien Huus,
Mit sine Frünn' na Malepertus.
Reinke dankte jüm alle sehr
Vöör de grote Günst, de grote Ehr',
Dat se em bistünnen inr Noth;
Sien Deenst he jüm ook we'r anboot.
Jder scheede un güng na de Sinen.
Reinke güng na Fru Ermelinen,

De 'm sehr fründelk willkamen heet;
Se fragde em um sien Verdreet,
Un wa he daar weer utekamen.
Reinke spröök wedder: Al mit Framen!
Ik bün groot in de König sien Gnade;
He sett'de mi wedder in sinen Rade,
In sien Hof baben all' de Heeren,
All us' Geslecht to grote Ehren;
He maakde mi to Kanzler vunt Riek
Un befahl mi sien Segel ook togliek:
Wat Reinke deit un wat Reinke schrifft.
Da's wol daan un ook schreven blifft.
Ik heff ünnerwesen in düsse Dagen
Den Wulf, dat he nich mehr warrt klagen.
Ik heff em ook half blend't,
Daarto sien heel Geslechte schänd't.
Ik heff em kastreert, ja also sehr,
Dat he inr Welt ook döggt nix mehr.
Wi slögen Kamp, ik heel em ünner;
Warrt he gesund, dat is en Wunner.
Dat hop' ik ook nich, doch liggt nix d'ran,
Ik bün warrn sien Üppermann,
Daarto ook öwer sine Gesellen all',
De mit em heeln un em geben Bifall. —
Daaröwer was de Voßin sehr froh,
Un sine twee Kinner ook also,
Dat er Vader süß was verheben;
Se spröken: Ja, nu will wi leben
In grote Ehre ahne Sörgen
Un maken faste use Börgen. —

Süß is nu Reinke hochgeehrt,
So hier int Körte nu is lehrt.
Een Jder schall sik tor Wiesheit kehren
Dat Quade meiden un Döögden lehren:
Daarüm is ditt Book ook dicht't,
Dat is de Sinn, be baarin liggt.
Fabels un sodanige Bispillen mehr
Warren schreven to use Lehr',
Updat wi Undöögd schölen miden
Un lehren Wiesheit to alle Tiden. —
De ditt Book nimmt, deit goden Koop,
Hier steit in de Welt-Verloop.
Wullt du weeten den Stand der Welt,
So koop ditt Book vöör wenig Geld. —
Alsüß endigt Reinke sine Historie,
Gott help' us in sine ewige Glorie! —

Anno domini
1498. Lübeck. — 1861. Bremen.

Glossar.

Benutzte Quellen.

Glossar zum Quickborn von Kl. Groth.
Glossar zum Reinefe Voß ed. Hoffmann.
Richey Idioticon Hamb.
Stürenburg ostfries. Wörterbuch.
Versuch eines Brem. Niedersächs. Wörterbuchs.
Die deutschen Mundarten von Frommann.

Abkürzungen.

f. femininum.　fig. figürlich.　m masculinum.　n. neutrum.　pl. plural.

Äbär, m. Storch.
Achter, hinter.
Achtergaan, hintergehen.
Achterhood, m. Hinterhalt.
Achterholt, m. Hinterhalt.
Achterklapp, m. Rückschlag; fig. ein unvermutheter schlechter Ausgang einer Sache.
Afdwungen, erzwungen.
Aflaat, m. Ablaß.
Aken, Achen.
Al, schon; all, alle, Alles.
Allbott, gänzlich.
Allegader, zusammen, miteinander.
Ammer, m. Eimer.
Anca, mlat. Name der Gans.

Baar, m. Bär.
Baat, (to — kamen) zu Gute kommen.
Baben, boven, oben, über.
Bade, m. Bote.
Bannig, gewaltig.
Barg, m. Berg.
Barn, geboren.
Bedacht, Ueberlegung.
Bedenkelke, bedenkliche.
Bedoon, (sik) beschmutzen, besudeln, die Hose voll machen.
Bedoren, aufbinden.
Bedragen, betrogen.
Bedreegen, betrügen.
Bedrief, n. Beschäftigung, Handthierung.

Bedrööft, betrübt.
Beet, wücke, einige Bissen.
Behalven, ausgenommen.
Behänne, gutausgeführt, flink.
Bekappten, Mönche.
Bemiegen (lat mingere) bemieg, bemeeg, bemegen.
Benediginge, Segnungen.
Berill, Beryll, Meerwasserstein, Meergrünstein, ein durchsichtiger Edelstein von gelblichgrüner oder meergrüner Farbe, aus dem Glycin-Geschlecht.
Besatt, Nebenform von beseet. besitten, besitt, beseet (besatt) beseten, besitzen.
Bestekung, f. Bestechung.
Betämen laten, zufrieden lassen.
Beten, n. 1) Bischen. m. 2) Bissen.
Beten un Gruus, kleine Brocken, Stückchen.
Bett, bis.
Bever, m. Biber.
Bi, bei.
Binnen, Innen.
Bister, böse, boshaft, garstig, häßlich.
Bläs, m. weißer Streifen an der Stirn der Pferde und Rinder; auch ein Thier mit solchem Abzeichen, fig. ein Strich. Rausch.
Bleien, blühen.

Blide, froh.
Blödrig, blutig.
Blörr von blöden, blööd, blörr, blött, bluten.
Bloot, n. Blut, fig. eine gutmüthige Seele.
Bolk, heftig schreien, brüllen, von bölken.
Book, n. Buch.
Boom, n. Baum.
Böskup, f. Botschaft.
Brö'r gekürzt aus Broder, m. Bruder.
Bören, erbeben, einnehmen.
Brasken, Lärm machen, krachen, vom Ton des Brechens.
Breede, f. Breite.
Bröke staan, Strafe erleiden.
Brügge, f. Brücke.
Buddel, m. Flasche, Bouteille.
Buuk, m. Bauch.
Buten, draußen.
Bütt, (de — ju veel to), der muthet Euch viel zu, ist unverschämt.
Butte, f. ein hölzernes Gefäß, kleines niedriges Tönnchen.

Credo, n. Glaubensbekenntniß.

Daal, nieder, herunter, hinunter.
Daarbinnen, drinnen.
Dä'k, sprich: däk, statt: dä ik, that ich.
Da's, sprich: das, statt: dat is, das ist.
Datte, Dieses.
Deef, m. Dieb.
Deelen, theilen.
Deer, Deert, n. Thier.
Degen, m. Schwert; fig. Landsknecht.
Diek, m. 1) Deich. 1) Teich.
Diß, Disk, m. Tisch.
Do, als; do' thun von boon, do', däd, daan, thun.

Dochder, pl. Döchders, Tochter, Töchter.
Dögen, taugen.
Döügd, f. Tugend.
Dood, m. Tod, doot, todt, do't, thut.
Dörtein, dreizehn; dörtig, dreizig.
Döst, m. Durst.
Doot moje Weer, schönstes Wetter.
Döwel, m. Teufel.
Drabe, balb, eiligst.
Drei, m. Wendung, Drehung, das Wenden (z. B. des Wagens).
Driwens, so rasch wie's eben geht.
Dune, nahe.
Duum, m. Daumen.
Duven, abmachen, derbe niederdrücken, antasten.
Dwaas, m. Unkluge.

Edder, oder.
Eed, m. Eid.
Eegennütt, m. Eigennutz.
Eekhoorn, n. Eichhörnchen.
Eenmood, Uebereinstimmung.
Eisliek, gräulich.
Endelk, endlich.
Enn', n. Ende.
Ettelke, einige.

Fahl, n. Füllen, Fohlen.
Faken, oft.
Farken, n. ein junges Schwein.
Fell (dat — vermeten) fig. prügeln.
Fenien, n. Gift.
Fisk, m. Fisch. Fiß, Fische.
Flaß, m. Flachs.
Fliet, m. Fleiß.
Föddsel; auch Föddsel, Nahrung Futter.

Forke, f. Gabel.
Fraas, Gierigkeit.
Framen, nützen, wohlthun.
Fre'n, gekürzt aus Freden, Friede.
Freetup, Mahlzeit.
Freter, m. Fresser, Unverschämter, Gieriger.
Fründelk, freundlich.
Fründskup, f. Freundschaft.
Fründskuppen, Freunde, Verwandte.
Fund, m. Kniff, listiger Streich, Kunstgriff.
Fünske, heuchlerische.
Fuul, schmutzig.
Füür, n. Feuer.

Gaff, Nebenform von geb. Geben, geb (gaff) geben.
Gatt, Loch.
Gau, schnell, rasch.
Gedeelte, n. Theil.
Gefahn, gefangen.
Gefood, genährt.
Gegenwordigheit, f. Gegenwart.
Geschapen, beschaffen.
Gesinn, n. Gesinde.
Gelaat, n. Stellung.
Gemoth, n. Gemüth.
Gereer, n. Geschrei.
Glive, f. Spalte.
Goodkoop, billig.
Gündert, da, dort, weiterhin, in Ferne.

Haat, m. Haß.
Häge, f. Hecke.
Häger, m. Häher.
Hallarm, m. Lärm, Geschrei, Geräusch.
Handgift, Sicherheitsgabe bei irgend einem abgeschlossenen Handel oder Vertrage; Geschenk.

Hansken, Handschuhe.
Harke, m. Rechen.
Harte, n. Herz.
Hau, n. Heu.
Hebber, m. Hirte.
Heel un all, ganz und gar.
Heer, m. Herr; heer, her.
Hei, habt ihr.
Helle, f. Hölle.
He'm, sprich: beem, statt: he em, er, ihn und ihm.
Henne, f. Huhn.
Helsk, höllisches, ungeheures.
Hillgen, Heiligen. In Ostfriesland: Bilderbogen.
Höde, f. Huth.
Hollen, (holden) halten; holl, höll, hollen.
Hood, m. Hut.
Hupen, m. Haufen.
Hünne, pl. von Hund, Hunde.
Huud, f. Haut.

Immenswarm, m. Bienenschwarm.
Inn, z. B. Hove, in dem Hofe.
Ichts een, irgend ein.
Instäck, Nebenform von instöök. Stelen, steek, stöök, staken, stechen, stecken.
Inbriven, einreiben.
Iser, n. Eisen.
Jack, f. Jacke.
Jennig, irgend ein.
Ji, j', Sie Ihr.
Jichtens wat, die geringste Kleinigkeit.
Jöögd, f. Jugend.
Ju, Euer, jum, deren, ihrer, ihnen.
Jümmer, immer.
Jüst, gerade, im selben Augenblick.

Kaar, f. Karre, Karren.
Kalf, n. Kalb.
Kamm, Nebenform von keem.
Kamen, kaam, keem (kamm)
kamen, kommen.
Kans, f. Gelegenheit, Gunst
des Augenblicks.
Kattensteert, m. Katzen-
schwanz.
Ketief, m. Streitsüchtiger,
Zänker.
Kief, m. Streit, Uneinigkeit.
Klaar, hell, durchsichtig; fertig,
bereit.
Klagt, f. Klage.
Kleere, Kleider.
Klock, (marken wat de — hett
slaan), fig. sehen wie es mit
einer Sache steht.
Klöör, f. Farbe.
Kloppfechter, wohl in der-
selben Bedeutung gebraucht wie
das hochdeutsche: Spiegelfechter.
Klöten, Hoden.
Klöven, spalten.
Knaken, m. Knochen.
Knaakjes Dim, von Knaken,
Knochen.
Köke, f. Küche.
Kold, kalt.
Koop, m. Kauf.
Köör, f. Wahl.
Kopp, m. Kopf.
Kraan, m. Kranich.
Kragen, m. Kehlkopf.
Krupen, kroop, krapen, kriechen.
Kruut, pl. Krüden, n. Kraut,
Kräuter.
Lasur, Glasur, leichte Ueber-
malung mit durchsichtiger Farbe.
Laat, spät; laat, lasse von
laten, leet, laten, lassen.
Lagen, Lägen, Lögen, Lee-
gen, Lügen.
Läker, Löcher.

Laven, loben.
Leckse, eine Lection: was den
Kindern aufgegeben wird zu
lernen oder zu schreiben.
Leden, Glieder pl. von Lidd.
Leefde, f. Liebe.
Leegen, lügen.
Leegen Wör', spöttische Worte.
Leegheit, f. vermißtes Wesen.
Lepel, m. Löffel.
Lever, f. Leber.
Lidd, n. Glied.
Lief, n. Leib; hier gewöhnlich
für Leben gebraucht.
Liefpien, m. Leibschmerz.
Liek, gliek, gleich.
Li'n, gekürzt aus liden, leiden.
Loff, n. Lob.
Loof, n. Laub.
Los, Luchs.
Löven, glöven, glauben.
Lücht, f. Luft.
Lücken, gelingen.
Lüden, läuten.
Luntertuun, (ik wull ik weer
to —) eine Verwünschungs-
formel, ähnlich der: ich wollte
ich wäre wo der Pfeffer
wächst! —
Luun, f. Laune.
Luur, f. Lauer.

Maas, n. Moos und Flechten.
Mägelk, möglich.
Malpertus, (= Mal-Pertuis)
Unglücksburg.
Man, nur; aber.
Mank, zwischen, unter.
Martins-Vagel, ein Vogel,
aus dessen Flug man prophe-
zeite. Wer sich tiefer dafür
interessirt siehe: Dreyers Ab-
handlung von dem Nutzen
des trefflichen Gedichts: R.
de Voß. pag. 106.

Mau, (uppe — binnen) Jemanden listig etwas aufbinden.
Mau, f. Aermel.
Medder, f. Tante, Muhme, Mutterschwester.
Meite, f. Mühe.
Mennigerhand, vielfältig.
Mesters vun't Krummes', Meister vom krummen Messer. fig. Chirurg und Doctor.
Mi, mir, mich.
Minnesten, kleinsten.
Miß'daan, Missethaten.
Mö, Tante.
Mode, (to), zu Muthe.
Mögen, (se — veel) = sie sind unersättlich.
Möhlen, f. Mühle.
Mojen, mühen, sich Sorge machen.
Mooi, moje, schön.
Mören, morden; Möörner, m. Mörder.
Mössten, Nebenform von müßten, mußten von möten, mööt, mußt (oder mößt) müssen.
Mull, n. lockere Erde, Stauberde, Schutt, Kehricht.
Münte, f. Münze.
Münten, münzen.
Müülken, n. Mäulchen.

Nakoomlinge, Nachkommen.
Namm, Nebenform von neem. Nehmen, nehm neem (namm) namen.
Nau, mit genauer Noth.
Neeg', neigte.
Ne'er, gekürzt aus nedder, nieder.
Neve, m. Neffe.
Nie, neu; Nies, Neues.
Nögen, nöthigen.
Nömen, nennen.
Nooit, niemals.

Nucken oder Rücken, Tücke, Bosheit, Falschheit, üble Laune, Eigensinn.
Nüms, Niemand.

Ögeler, m. Heuchler.
Ohr, (sik upt — leggen), fig. zu Bett geben.
Öllern, Eltern.
Öllje m. Oel.
Ooit, jemals, nooit, niemals.
Oort, pl. Oorden, Ort, Oerter.
Ordeel, n. Urtheil.
Ovel, übel.
Oven, 1) anführen, zerren. 2) üben.
Owerdwe'er, kreuzweise hin und her.
Ower, n. Ufer.
Owerdaad, m. Uebertretung.
Owerlast, f. Bedrängniß.

Padd, n. Pfad.
Pade, m. Pathe.
Pand, n. Pfand.
Peerd, n. Pferd.
Pisse, f. Harn.
Plaß, (to — brengen) ins Unglück stürzen.
Pleiten, prozessiren.
Pogge, m. Frosch.
Pönitensje, Buße.
Poorte, f. Pforte.
Poot, f. Tatze, Fuß, Pfote.
Pütte, f. Brunnen.
Puus, ('t was nich vöör de —), Lockruf für die Katze. fig. es war nicht gering.

Quad, bös, Quad, n. Böse.
Quiet, frei.

Ramen, zielen, treffen, bestimmen, entscheiden, muthmaßen.
Ramp, m. Elend, Noth, Herzeleid.
Rau, f. Ruhe.
Rechtschapen, m. Rechtschaffene.
Reken, rechnen.
Reken, (Nüms hett he in de—). Er achtet Niemand, es ist ihm gleichviel wer es sei, dem er schade. Reken, f. Rechnung.
Responsen, lat responsorium), ein Wechselgesang in der Kirche zwischen dem Geistlichen und der antwortenden Gemeinde.
Revéer, u. (Engl. river) Fluß.
Rhien, Rhein.
Riek, n. Reich.
Rive, verschwenderisch.
Röök, m. Geruch.
Row, m. Raub.
Rowen, rauben; Röwer, m. Räuber.
Rügge, m. Rücken.
Rüken, riechen; rük, röök, raken.
Rünn', (inne), in der Runde.

Saad, n. Samen.
Sachte, leise.
Sagg, Nebenform von seeg, siehe: sehn.
Satt, 1) Nebenform von seet; sitten, sitt, seet (satt) seten, sitzen; 2) satt.
Scha, m. Schaden.
Schaamte, f. Schaam.
Schall, (daar kemen veel Heeren mit groten —), bezieht sich auf die früher Mode gewesene Schellentracht der Vornehmen. Ausführliches darüber in „Dreyers Abhandlung über den Nutzen des trefflichen Gedichts: „Reinecke de Voß." Büßow 1768.
Schäntell, schändlich.
Scheel, f. Streit, Zank, Unterschied, Scheidung, Landesgränze.
Schick, Anstand, Geschick; fig. aufgeräumtes Wesen, vergnügte Laune.
Schiendabig, scheinshalber.
Schöffel, Schaufel, namentlich die Plattschaufel, die eiserne, schräggestellte, schmale, zur Reinigung der Gartenpfade vom Graswuchs bestimmte Pfadschaufel.
Schoon, rein.
Schrick, m. Schrecken.
Schuen, sich scheuen, fürchten.
Seden, Sitten.
Segel, n. Siegel.
Sehn, sehen; seh, seeg (sagg) sehn.
Sellskup, f. Gesellschaft.
Selsen, selten.
Sidelgate, Seitenlöcher, verborgene Ausgänge.
Sict, (upye — schaffen), umbringen.
Si'n, gekürzt aus Siden, Seiten.
Slachten, (na enen —), ihm gleichen.
Slinger, m. Dreschflegel.
Slott, n. Schloß.
Smaak, m. Geschmack.
Smart, m. Schmerz.
Smacht, m. Hunger.
Smeken, n. Schmeicheln.
Sodanig, auf solche Weise.
Söge, f. Sau, Mutterschwein.
Sott, unklug.
Spare, (Gott — ju lang). Gott gebe Euch Gesundheit und langes Leben.
Spaad, spät.
Spegel, m. Spiegel.

Speet, Spieß.
Spiet, m. Verdruß. Aerger.
Spiker, m. Speicher.
Spöken, Gespenster.
Spöör, n. Geleise.
Spreken binnen dat Kinn, halb verständlich sprechen, z. B. eine Zusage, die man ungern macht leise sprechen.
Stä, f. Stelle.
Staff, m. Stab.
Staven, dämpfen, schmoren. fig. durchprügeln.
Steert, m. Sterz, Schweif, Arsch.
Stillkens, heimlich.
Stoff, m. Staub.
Strümpeln, straucheln.
Sülm, selbst; sülwen, selber.
Sülwer, n. Silber.
Sümenstied, verziehen, verweilen.
Sünd, sind; sünnd, sandte.
Sünder, sünner, sonder, ohne.
Suun, f. Versöhnung.
Süster, f. Schwester.
Süß, sonst.
Süver, rein.
Swaart, f. Schwarte.
Sweet, n. Schweiß.

Tagen, ziehen.
Tall, f. Zahl.
Tähn, m. Zahn.
Tamm, zahm.
Teen, ziehen, tee, toog, tagen.
Teken, n. Zeichen.
Tellen, zählen.
Terkleit, zerkratzt.
Teve, f. Hündin; fig. zänkisches Weib.
Tieren, (sik), sich zieren, verstellen.
Töben, warten.
Togg, pl. Togen, Töge, Zug, Streich.

Tohand, nachgerade.
Tonichte gaan, ramponirt werden, umkommen.
Topass, (goob), sich wohl befinden; vunpass, zu rechter Zeit, im rechten Maaß.
Torn, m. Zorn, Thorn, m. Thurm.
Tornig, zornig.
Toboor, früher, zuvor, einst.
Trane, f. Thräne.
Tru, f. True.
Tüchtig, züchtig.
Tüge, m. Zeuge.
Tuun, m. 1) Zaun, Hecke; 2) Garten.
Tweedracht, f. Zwietracht.

Ungefall, n. Unglück.
Unnösel, einfältig.
Uppermann, Vorgesetzter.
Uteneen, auseinander.
Uutkeesen, erwählen.
Uutreren, ausrufen.
Us — û — uns; use, unser.

Verdägen, vertheidigen.
Verdarf, n. Verderben.
Verdreet, n. Verdruß.
Verdreeten, verdrießen.
Verdrinken, ertrinken.
Verfähren, erschrecken, in Furcht setzen.
Verfreesen, erfrieren.
Vergaff, Nebenform von vergev. Vergeben, vergev (vergaff) vergeben.
Vergrellt, zornig, ergrimmt.
Verleesen, verlieren.
Verlöff, f. Erlaubniß.
Verloop, m. Verlauf.
Vernamm, Nebenform von verneem; vernehmen, vernehm, verneem (vernamm) vernamen, vernehmen.

Verspillen, unnütz vergeuden.
Verstöört, angegriffen.
Vertellen, erzählen.
Verwiet, n. Vorwurf.
Veste, f. Festung.
Vördeel, n. Vortheil.
Vördell, n. Viertel.
Vun, — ü — von.
Vundage, heute; vunabend, heute Abend.

Wa — ã — wo, wie, auf welche Weise.
Waar, wo.
Waardigheit doon, Ehrerbietung erzeigen.
Wacht, f. Lauer.
Waß, n. Wachs.
Wassen, wachsen.
Water, n. Wasser.
Wedder, Weer, n. Wetter.
Wedderpart, m. Gegenparthei.
Weege, f. Wiege.
Weerth, m. Wirth.

Weeten, wissen. Weeten, wüsst, wüsst.
Wehdage, Schmerzen.
Weke, f. Woche.
Weligheit, Wohlleben, Ueberfluß, Wollust.
We'n, aus wesen gekürzt, sein.
We'r, gekürzt aus wedder, wieder.
Wesslung, f. Wechslung.
Wief, n. pl. Wiven, Weib, Weiber.
Wocken, m. Spinnrocken.
Woldäger, gänzlich, völlig. alle mit einander.
Woort, pl. Wör', Wort, Worte.
Wringen, (sik), sich hin und her drehen und wenden.
Wücke, welche.
Wünsken, wünschen.
Wust, f. Wurst.

Zege, f. Ziege.

Urtheile der Presse

über die pseyd. erschienene Sprichwörtersammlung desselben Verfassers unter dem Titel:

Eichwald, Karl. Niederdeutsche Sprichwörter und Redensarten. Mit Glossar. Preis, geh. ½ Thlr. (Verlag von H. Hübner in Leipzig).

Was für ein Schatz in diesem bescheidenen, bequemen und saubern Büchlein dargeboten wird, ist dem Kenner sogleich einleuchtend, der mit der Freude darin blättert wie der Botaniker in einem Herbarium. Das lesende Publikum ist dieses Blättern nicht gewohnt, das Buch verdient es aber, daß Viele es einmal in die Hand nehmen, daß man einige Winke dazu bekomme, daß man lerne die Blüthen darin zu betrachten um Auge zu gewinnen sie auch dort zu beachten, wo sie unter dem rohen Gestrüpp der täglichen Rede „hinter Topf und Pflug" versteckt, wuchern und verdorren.

Das Buch enthält 2096 s. g. Sprichwörter und Redensarten, nach dem Alphabet geordnet, so daß jedesmal das Schlagwort die Ordnung bestimmt, z. B. Misgünnt Brod ward ok geten steht unter dem Buchstaben B. Auf diese Weise findet man eine Reihe auch dem Sinne nach zusammengehöriger Sätze bei einander, und die Erinnerung ähnlicher, die man irgendwo vielleicht vernommen, weckt ein angenehmes Gedankenspiel, das durch Vergleichung nach Inhalt und Form in sentenziösen oder sprachlichen Anknüpfungen weiter geht. Wem fallen z. B. bei obigem Sprichworte nicht sogleich andere ein wie: dessen Brod ik ete, dessen Wort ik spreke, oder: Et is all een Brod dar een Rinde um geit, oder: He kann mehr as Brod eten. Und allerlei Betrachtungen drängen sich sogleich auf. Was sagt so ein Sprichwort? Meistens irgend eine sittliche Erfahrung, sie beziehen sich fast immer auf das Gewissen, mit dem Gewissen hat das sprachschaffende Volk wie es scheint am meisten zu thun. Diese Erfahrung spricht es gewöhnlich in einem Bilde aus, indem es irgend eine alltägliche Beobachtung, die eben Jedermann täglich machen kann, schlichthin anführt, z. B. He itt sin Brod up bet uppen Knust, aber durch irgend einen sprachlichen Kunstgriff bewirkt, daß der Hörer etwas Anderes, Allgemeineres, Tieferes dabei denkt als die Worte sagen z. B. hier: Er ist ein Verschwender. Diese sprachlichen Kunstgriffe im Sprichwort sind nur für den Sprachforscher noch das Interessanteste daran.

Meistens enthält es also einen Vergleich, und es ist dem Leser jetzt klar, warum diese Vergleiche immer aus dem alltäglichsten Leben hergenommen sind, mit den einfachsten Thätigkeiten, Geräthschaften, Nahrungsmitteln, mit bakken un bru'n, Brod, Bri, Braden ꝛc. zu thun haben. Gerade durch den Gegensatz bekommt der innere Gedanke dadurch oft etwas Erhabenes, wenn z. B. der Schmerz des Abschiedes von der Heimath einfach bezeichnet wird mit dem Worte: Annerwegen ward ok Brod bakkt. Die gebildete Rede des Salons, von Kanzel und Katheder und die Schrift scheut die Erinnerung an solch gemeine Vorgänge des Lebens, sie hat aber zu ihrem Nachtheil dadurch ein wichtiges Mittel ihrer Macht aufgegeben, im Grunde doch aus falscher Prüderie. Und hierin ist der Deutsche wiederum allen andern Culturvölkern vorausgeschritten in übergroßem Feingefühl. Franz Löher sagt in seinen berühmten Reiseskizzen aus Amerika „Land und Leute": Auf dem Albanykanale riefen sich die Bootsführer zu: Go the whole hog. Diesen Zuruf hatte ich in Newyork schon oft auf Straßenplakaten gelesen. Der Amerikaner Sprache ist überreich an solchen Vergleichen und Witzen, welche von den allergewöhnlichsten Dingen hergenommen sind. Auch der Franzose, Spanier, Italiener, vor allen der Engländer sieht nicht ein, warum er nicht durch Redensarten, welche aus dem gemeinen Leben genommen sind, seine Unterhaltung kraftvoller machen soll. Nur wir Deutsche, welchen eine ganze Menge der treffendsten Sprichwörter zu Gebote stehen, sind delikat in ihrer Anwendung und nehmen sie (sonderbarer Weise!) lieber aus fremden Sprachen. Mancher vornehme Herr sagt wohl französisch: „revenons a nos moutons" aber gewiß nicht auf Deutsch.

Der sittliche Schatz in den Sprichwörtern möge daher auch nicht so groß sein*) — schon Cicero weiß daß alle Vergleiche hinken, und es ist ein altes Wort, daß viele Sprichwörter unwahr seien — das Volk hat in seinem treuen Gedächtniß jedenfalls einen Sprachschatz bewahrt, den wir in den Mundarten finden, und man wird es mir zu Gute halten, wenn ich immer wieder darauf hinweise ihn nicht untergehen zu lassen. Warum aber gerade der gemeine Mann, der Bäcker, Fischer, Jäger, Landmann Sprichwörter schaffen konnte, die in ihrer Wahrheit und Frische sich lebendig erhielten, wird dem Einsichtigen auch klar geworden sein: nur der gemeine Mann hat die innere Theilnahme an den Beschäftigungen und Dingen des täglichen Lebens, die eben seine sind, um ihnen etwas Tieferes abzusehen, sie damit aber auch der Verachtung zu entziehen. Der Gebildete kann fast nur Sprache empfangen, höchstens sie umformen, er kann sie nicht schaffen.

Die Sprichwörter haben aber auch in ihrer äußeren

---

*) Frühere Sammler deutscher Sprichwörter sind hauptsächlich darauf ausgegangen gerade den sittlichen Gehalt derselben auszunutzen, wie z. B. der alte Sebastian Frank, der Zeitgenosse Luthers, in neuerer Zeit noch Körte, selbst in allerneuster hat Fritz Schwerin eine Sammlung mit plattdeutscher Auslegung herausgegeben.

sprachlichen Form noch einen besonderen Zuschnitt, sie sind
nach Klang und Rhythmus künstlerisch abgemessen. Ihre
Kürze ist schon auffällig, meistens sind es einfache oder Sätze
aus einer Thesis und Antithese: Stahlen Brod smeckt
söte, He hett Brod vör't Kau'n, as de Rötten.
In gesprochener Rede wird ein Sprichwort immer durch einen
langsamern rhythmitschen Tonfall aus der gewöhnlichen Ge=
sprächsform herausgehoben. An der Volkssprache arbeitet
mehr poetische Kunst und einsichtige Grammatik als man
glauben sollte. Ein abgemessener Accent= oder Silbenfall
fehlt selten in dem Sprichwort, oftmals künstlicher als die
gebundene Rede des Dichters sie anwenden kann: He hett
en Mul vörn Kopp asn Scheermest. Außer dem
Rhythmus ist aber noch der Wortklang nach Vokal und Con=
sonant mit einer staunenswerthen Feinheit abgewogen. Dies
gilt nicht bloß vom Endklange, vom Reim, der auf die freieste
Weise benutzt wird, den Satz mundgerecht zu machen, der
sich keineswegs auf die Regeln der Kunstpoesie beschränkt:
Braden un Saden, Elk hett sin Breck, Dessen
Brod ik ete, dessen Wort ik spreke. Man schaue
sich die angeführten Beispiele nur einmal genauer an, die
alle in unserm Büchlein auf Seite 8 stehen und kaum aus=
gewählt sind. Auch die übrigen Vocale und Consonanten
sind gewöhnlich aufs geschickteste gewählt um den Satz ent=
weder handlich oder klangvoll oder pikant zu machen, z. B.
Ik hebbe legn as upper Britze, He kriggt dar en
aisken Brill up de Nese. Besonders wirksam ist hierzu
die Form der Alliteration oder des Stabreims ver=
wandt, eine Form der kunstvollen Rede, die in ältester Zeit
in der deutschen Sprache fast die einzige war, z. B. de
Duks un de Dod! He draf mi ni öwern Drüppel
kamn, wo statt im Auslaute wie im Reim, im Anlaute
Gleichheit in klangvollen Buchstaben erstrebt wird, wie hier
im D. Dr. Aber auch diese Form wird im Sprichwort
durchaus frei behandelt und wenn man gelernt hat darauf
zu achten, wird man fast kaum ein Sprichwort finden, worin sie

nicht angewendet ist, z. B. Stahlen Brod smekkt söte, worin das s, Misgünnt Brod ward ok getn, worin das g, dessen Brod ik etc, dessen Wort ik spreke, worin das r, o und e klingend verwendet ist. Oftmals sind alle diese Kunstgriffe gleichzeitig angewandt, z. B. De't Glück hett, geit mit de Brud to Bett. So lautet nämlich dieses Sprichwort in Ditmarschen. Unsere vorliegende Sammlung stammt aus Bremen und Umgegend (weshalb wir sie gerade in diesem vielgelesenen Blatte anzuzeigen uns erlauben), dort heißt es: to Bedde. Der Reim ist unrein, er beweist, daß die Form der ditmarschen Sprache die reinere ist, wie das in vielen Fällen sich nachweisen läßt. Man kann auf diese Art sogar oft nachweisen, wie ein Sprichwort entstanden ist. In Höfers hübscher Sammlung: "Wie das Volk spricht" lautet eins: Rathe mir gut, sagte die Braut, aber rathe mir nicht ab. Dies Wort ist ursprünglich plattdeutsch und lautete: Ra' mi gut sä de Brut, awer ra' mi ni af, wie der Reim beweist. So hat das Sprichwort also auch noch ein historisches Interesse oder kann es wenigstens haben. Harm mak Larm*) sagen bei uns die Kinder wenn ein Schaf blökt und denken nicht, daß es Hermann den Deutschen und eine Erinnerung an die Schlacht im Teutoburger Walde enthält. Die Sprache ist das Gedächtniß uralter Vergangenheit, selbst wo das Volk die Erinnerung verloren, manches Wort ist wie ein Mark- und Merkstein der Jahrtausende rückwärts weist, und der die Kunst versteht, hört aus seinem Klange Töne längst vergangener Zeit. Solche Worte hat namentlich das Sprichwort — ein Häkchen in seinem Ringe — aufbewahrt.

All Bott hölpt sä de Mügg un. . . . .
Wer kennt noch das Wort Bott? Dat schadt nich, dat badt nich heißt es im Kinderreim. Baden heißt nützen,

---

*) Hermen sla Lärmen,
Sla Pipen, sla Drummen,
De Varus will kummen.

Bott ist Nutzen. Ole Hünn sind quad bänsk to maken; quad, schlecht, ist im Ditmarschen z. B. ganz verschwunden, aus bänsk, bändisch, am Band gezähmt, hat der Ditmarscher bannig gemacht, ein dort beliebtes Wort, das groß, sehr bedeutet.

Ein Züricher Buchbinder, bei dem der berühmte Theodor Mommsen, der römische Geschichtsschreiber wohnte, erzählte einem Freunde von mir, Mommsen habe einmal sein Dienstmädchen mit einem sehr fatalen Büchlein ausgeschickt, darin hätten sehr grobe Sachen gestanden, zum Glück sei es englisch gewesen, das Mädchen habe es nicht lesen können, aber er der Buchbinder. Es war dies auch eine Sammlung plattdeutscher Sprichwörter von Otto Jahn herausgegeben, allerdings sehr grobe Sachen, und sehr englisch. Und so möchte auch diese Sammlung Manchem vorkommen. Grob sind wir Niedersachsen immer gewesen, und trotzdem sittlicher als irgend ein Volk der Erde. Englisch sind wir auch sehr, oder vielmehr der Engländer ist sehr plattdeutsch. Es ist lächerlich, wenn er es nicht wissen will. Jedem Kenner des Englischen fallen auch in Eichwalds Büchlein wieder eine Menge Vocabeln auf, die der Engländer von uns hat, denn wo sollte er sie her haben? knife, quick, among (mank). Die ganze germanische Grundlage der englischen Sprache ist plattdeutsch. Aber auch der Geist. Ein Zug von Humor so eigner Art geht durch diese Sprichwörter wie nur der Norden Deutschlands und der schweigsame Sohn Albions ihn hat, kein Volksstamm der Erde sonst. Der Sachse zumal, der unsere hochdeutsche Schriftsprache geformt hat, ist nicht ruhig genug, das Wort keimen zu lassen, und davon trägt unsere ganze hochdeutsche Literatur ihren Charakter. Wie wenig echt Humoristisches kann sie aufweisen. Dagegen sehe man eine Sammlung plattdeutscher Sprichwörter durch! Ist es nicht immer als wenn ein ruhiges Lächeln (en Smustern) selbst dem Leser sich um den Mund stiehlt? Dar is keen Pott so scheef dar paßt en Stulpen up. Je flimmer de Pracher je dicker de Lux.

Gar nun die dramatischen Sprichwörter, die uns einzig eigen zu sein scheinen, und wovon unsere Sammlung auch einzelne enthält, z. B. **Bremen is en Slukhals harr de Jung seggt, do harr he en halwen Groten darin vertehrt.**

Also: **Eenfach awer nüdlich sä de Döwel, do mal he sin Swanz arfengrön.**

Oder: **Allbott hölpt.** . . . und wir wollen nicht aufhören zu sammeln und zusammen zu halten, was uns geblieben ist von unsern würdigen Vorvätern und sei es auch nur ihre treue Rede.

Lieb ist mir noch die Bemerkung, daß die Orthographie des Quickborn immer mehr durchdringt, auch K. Eichwald hat sie befolgt, gewiß zum Vortheil der allgemeineren Verständlichkeit, und der Beweis wird damit immer stärker, daß ihre Grundsätze die richtigen sind. Es ist dies um so wichtiger als wir damit zu einer größeren Einheit in unserer kleinen abgesonderten Literaturwelt gelangen.

Bremen, 14. Sept. 1859.
Klaus Groth.
(Weser-Zeitung 1859, Nr. 4912).

Die niederdeutsche Literatur wächst von Tage zu Tage, man möchte fast sagen lawinenartig, und namentlich sind es Poeten, die an allen Ecken auftauchen, um „in der Sprache des Volkes zum Volke zu reden", und wohl die Meisten schmeicheln sich mit der angenehmen Hoffnung kleine Grothe zu werden und wenigstens einen Theil von dem Ruhme zu ernten, der diesem in so reichem und nicht unverdienten Maße geworden ist. Ein Publikum findet nun wohl die Mehrzahl dieser Herren, die sich selbst wohlgefällig und stolz-bescheiden den Titel „Volksdichter" beilegen, allein so sehr hat die grassirende Mode die Köpfe denn doch nicht verdreht, daß man Verseleien, bloß weil sie plattdeutsch sind, verschlingt, ohne nach ihrem Gehalt zu fragen, und so mag mancher dieser Volksdichter bei Veröffentlichung seiner Poesieen die Rechnung ohne den Wirth gemacht haben, denn die meisten der Jünger Klaus Groths bleiben allerdings weit hinter ihrem Vorbilde zurück. Aber nicht nur die Poesie ist auf dem niederdeutschen Büchermarkte vertreten; Volkskalender, Novellen und andere Werke prosaischer Form erscheinen in stets größerer Zahl. Als ein besonders verdienstliches Unternehmen möchten wir es bezeichnen, daß man mehrfach bemüht gewesen ist, den Schatz von Sprichwörtern und volksthümlichen Redensarten, der sich in Niedersachsen vorzugsweise reich vorfindet, zu sammeln. Es liegt in diesen anscheinend unbedeutenden Aussprüchen der ganze Charakter unsers Volksstammes so klar ausgedrückt, hier der tiefsittliche Ernst, da der derbe handfeste Humor — so wesentlich verschieden von dem des leichter erregten, warmblütigeren Oberdeutschen —, dann wieder findet man so viele Hindeutungen auf eigenthümliche Verhältnisse im Volksleben der Gegenwart und Vergangenheit, oft in den treffendsten Bildern ausgedrückt, so klare Lebensweisheit, Erfahrungssätze in so naiver, ursprünglicher Form, daß die Lectüre solcher Sammlungen nicht allein augenblickliche Unterhaltung, sondern vielmehr Anregung und Belehrung gewährt. Zu der Sammlung derartiger Sprichwörter, welche vor einigen Jahren unter dem Titel „Wie das Volk spricht" in Stuttgart erschien, hat sich kürzlich ein Büchlein gesellt, welches so recht dem Volke abgelauscht hat, wie es seinen Stimmungen in sentenziöser Weise Luft macht; es ist das oben genannte von dem Pseudonym Karl Eichwald. Diesem Sammler muß jedenfalls in noch höherem Grade das Lob des Fleißes zu Theil werden, als jenem des „Wie das Volk spricht", denn während Edmund Hoefer aus allen Theilen Deutschlands 862 solcher Redensarten zusammenbrachte, findet sich bei Karl Eichwald, der doch nur unser Niedersachsen durchforschte, die Anzahl bis auf 2096 gesteigert. Freilich ist das denn auch, wie wir erfahren, die Frucht mehrjährigen stillemsigen Wirkens, das jetzt auch hoffentlich nicht unbelohnt bleibt. (Ein Glossar ist dem Büchlein beigegeben, was aller-

dings nothwendig war, da sonst manches Wort unverständlich bleiben mußte, wenigstens nach Mittel- und Süddeutschland hin.
(Bremer Sonntagsblatt 1859, Nr. 43).

Im Feuilleton des Bremer Sonntagsblatts 1859, Nro. 43, wird meine Sammlung sprichwörtlicher Redensarten „Wie das Volk spricht" einer andern, unter dem Titel: „Niederdeutsche Sprichtwörter" u. s. w. von K. Eichwald — erschienenen entgegengestellt und mit der Anmerkung bedacht: „Diesem Sammler (K. Eichwald) muß jedenfalls in noch höherem Grade das Lob des Fleißes zu Theil werden als jenem des „Wie das Volk spricht", denn während E. Hoefer aus allen Theilen Deutschlands 862 (3. Auflage 871) solcher Redensarten zusammenbrachte, findet sich bei K. Eichwald, der doch nur Niedersachsen durchforschte, die Anzahl auf 2096 gesteigert. Freilich ist das denn auch die Frucht mehrjährigen stillemsigen Wirkens, das jetzt hoffentlich auch nicht unbelohnt bleibt."

Indem ich mich diesem letzten Wunsche durchaus anschließe, da auch ich Herrn Eichwalds Sammlung für eine gar fleißige und interessante erkenne, und zugleich bemerke, daß es mir nicht einfällt, meinen Fleiß gegen den eines Andern hervorheben oder mit demselben vergleichen zu wollen, — ich weiß, daß derartige Sammlungen nicht spielend zu Stande kommen, und traue jedem, der sich auf dergleichen legt, den nothwendigen Ernst und Fleiß zu — muß ich mir gegen diese Beurtheilung doch die Entgegnung erlauben, daß der Herr Beurtheiler augenscheinlich niemals in meine Sammlung hineingesehen hat. Der erste Blick müßte ihn sonst überzeugt haben, daß die leitenden Grundsätze beider Sammlungen verschiedene sind, und daß beide nicht mit einander konkurriren. Mir ist es nie im Traume eingefallen, Sprichwörter zu sammeln. Ich habe nur die sprichwörtlichen Redensarten zusammengestellt, die man auch apologische Sprichwörter (s. Vorwort zur 1. Aufl.) heißt, und die in Sprichwörter-

sammlungen nur zufällig oder beiläufig angeführt werden.
Herr K. Eichwald bietet deren in seiner Sammlung etwa
100, zwischen denen ich zu meiner großen Freude zwei
oder drei mir noch fehlende und etwa zwei oder drei brauch-
bare Varianten fand. Denn ich habe mehr als ein zehnmal
dickeres Buch durchlesen und mich durch Auffindung von
einem neuen Spruch reichlich belohnt gefunden, und ich kann
jedermann und zumal dem Herrn Beurtheiler die Versicherung
geben, daß ich noch heut, wie seit siebzehn Jahren des
Sammelns, jede kleinste Vermehrung meiner Sammlung
mit vollstem Dank annehme, und wäre es auch nur ein
neuer Spruch, eine brauchbare, neue Variante von der
Art, die in meiner Sammlung zusammengestellt ist. Je
mehr man mir zuwenden kann, desto mehr wird man mich
zum Dank verpflichten. Ich kann, durch reiche Zusendungen
unterstützt, meine vierte Auflage auf etwa 1000 Sprüche
bringen, und ich bin darüber ebenso froh wie jeder, der sich
für diese Sammlung interessirt, und dem es bekannt ist,
wie sparsam und versteckt die Quelle dieser Sprüche im Ver-
hältniß zu derjenigen der gewöhnlichen Sprichwörter fließt.

Edmund Hoefer.
(Bremer Sonntagsblatt 1859, Nr. 48).

Eine gute Menge neue Sprichwörter und Volksausdrücke
neben einigen schon bekannten. Viele davon sind äußerst
drastisch, andere mehr ernster Natur. Wie theilen einige
uns neue in hochdeutscher Uebersetzung mit: Die freien will,
muß erst ausdienen. — Die Frau kann mehr zum Fenster
hinauslangen als der Mann durch das Scheunenthor fährt.
— Der das Feuer braucht, sucht es in der Asche. — Er
hat sich vom Teufel zum Satan bekehrt. — Wer sich im
Hofdienst zu Tode quält, kommt nicht in den Himmel. —
Bremen ist ein Schluckhals, sagte der Junge, als er einen halben
Groten drin verzehrt hatte. — Die sich mit Bettlern schlagen,
kriegen Läuse. — Ist das Bier im Manne, ist der Geist in

der Kanne. — Er hat sich versehen wie der Bäcker in Hinte, der seine Frau statt des Brotes in den Backofen schob. — Je höher der Baum, desto schwerer der Fall. — Weise Hühner legen auch in die Nesseln. — Wenn der Himmel einfällt, so kriegen wir einen großen Hühnerkorb. — Je mehr man die Katze streichelt, desto höher hält sie den Schwanz. — Wer was Liebes hat, geht darnach, wer was Böses hat, fühlt danach. — Der Leider überwindet den Streiter.
(Illustrirte Zeitung 1860, Nr. 864).

In den sprichwörtlichen Redensarten unseres Volks steckt ein Schatz von Schalkhaftigkeit, von derber Lebensfreude und gesunder Erfahrungswissenschaft. Jeder Sammler, der die bereits literarisch einheimste Aernte von dergleichen Kern- und Sinnsprüchen durch seine Nachlese um eine neue Garbe vermehrte, verdient unsern lebhaften Dank. Herr Eichwald hat im Aufspeichern des Inhalts von dem oben genannten Büchelchen eine glückliche Hand bewährt: zu dem Bekannten und früher schon Aufgezeichneten hat er eine Menge neuer Funde gefügt und seine Beute liefert er in bequem übersichtlicher alphabetischer Anordnung ab. Aber das Glossar hätten wir im Interesse der hochdeutschen Leser viel umfassender gestaltet zu sehen gewünscht. Herr Eichwald hat damit nur für die Erinnerung plattdeutscher Leser gesorgt, falls ihnen hier und da ein Ausdruck unverständlich wäre. Demjenigen aber, dem das Niedersächsische überhaupt fremd ist, bietet das Wörterverzeichniß einen viel zu kurzen Schlüssel.
(Hamburger Nachrichten 1859, Nr. 214).

Die plattdeutsche Literatur ist abermals durch ein erschienenes Werkchen bereichert; dasselbe ist betitelt: "Niederdeutsche Sprichwörter und Redensarten", gesammelt und mit einem Glosser versehen von Karl Eichwald. (Leipzig, Verlag von H. Hübner). Das sehr hübsch ausgestattete Heft

enthält 2096 plattdeutsche Sprichwörter und Redensarten, darunter viele besonders derbe und komische, auch einige veraltete und unverständliche. Wenigstens uns sind einige Worte gänzlich unbekannt. Uebrigens dürfte die Zahl noch um einige sehr bekannte Redensarten, selbst um Sprichwörter zu vermehren sein. — Freunden des Plattdeutschen wird das Büchlein als Curiosum lieb sein.
(Hamburger Eisenbahnzeitung 1859).

„Niederdeutsche Sprichwörter und Redensarten," gesammelt und mit einem Glossar versehen von Karl Eichwald (Leipzig, Verlag von H. Hübner, 1860) ist ein Büchelchen, das die Freunde des Volksthümlichen mit Vergnügen werden zur Hand nehmen dürfen, denn sie finden eine reiche Ausbeute nationaler Eigenthümlichkeiten und populärer Weisheit darin zusammengetragen.
(Hamburger Reform 1860, Nr. 151 (Beilage).

Bekannt und begreiflich ist die Sprichwörterfülle der Niederdeutschen, der Männer mit dem praktischen Blick, dem nüchternen realen Denken, dem trockenen Humor, dem bündigen treffenden Wort. Dennoch erstaunt man, wenn man in jeder der vielen Sammlungen immer wieder Neues in Masse findet. So haben wir auch hier abermals eine lange Reihe jener Sprüche, von denen nur der kleinste Theil bereits in weiteren Kreisen bekannt sein dürfte und von denen doch die meisten eine solche Bekanntschaft verdienen, durch ihre körnige, mitunter freilich auch sinnlich-derbe Kraft und Anschaulichkeit, ihre schlagende Wahrheit. Welche Anordnung bei solchen Sammlungen die Uebersicht über den Stoff und die Einsicht in seinen Zusammenhang in sich und mit der betreffenden Volksnatur und dem Volksleben überhaupt am meisten erleichtere, ob die alphabetisch anreihende, oder die vorzugweise Berücksichtigung des didaktischen Inhalts oder die

des dichterischen, der gebrauchten typischen Bilder, oder die Zusammenstellung nach den einzelnen Fundorten: darüber wollen wir mit dem fleißigen, verdienstvollen Sammler nicht rechten. Die Ausstattung ist gefällig.
(Katholische Literatur-Zeitung 1861, Nr. 10).

Klaus Groth hat mit dem „Quickborn" und den „Vertelln" das Plattdeutsche so in die Mode gebracht, daß auch ein Freund des Plattdeutschen dessen genug hat und all den Nachahmern und Nachäffern, die den Büchermarkt mit mittelmäßiger und schlechter Waare überschwemmen, ein Halt zurufen möchte. Hat man doch sogar Hebels allemannische Gedichte ins Plattdeutsche übersetzt! Es ist eine Mode und wird wie alle Moden vorübergehen. Aber auch die Moden haben ihre guten Seiten und die Cultur des Plattdeutschen hat jedenfalls das Gute, daß die Kunde der Sprache und des plattdeutschredenden Volkes nach Tiefe und Breite zunimmt, daß die im Volke lebenden Sagen, Geschichten, Lieder, Sprichwörter mit Aufmerksamkeit und Liebe gesammelt und als werthvolle Denkmäler für das ruhigere Studium einer späteren Zeit aufbewahrt werden. Von diesem Standpunkte aus begrüßen wir auch die Sprichwörtersammlung von Eichwald als einen erfreulichen Beitrag zur Kenntniß des niederdeutschen Volksstammes und seiner Sprache. Goldschmidt, Höfer, Lübben und andere haben bereits früher plattdeutsche Sprichwörtersammlungen herausgegeben, indeß waren die bisherigen Sammlungen theils local, theils der Art des Stoffes nach beschränkt, theils auch in Zeitschriften, die nicht Jedermann zugänglich sind, zerstreut, und eine nochmalige Zusammenfassung des ganzen gewonnenen Materials erscheint nicht überflüssig. Die Sammlung von Eichwald enthält 2096 Nummern und ein kleines aber genügendes Glossar. Daß die Sammlung einerseits nicht ganz vollständig ist, daß sie andererseits manche Sprichwörter und Redensarten enthält, die kaum als ursprünglich plattdeutsche anerkannt werden können, ist natürlich, sie behält darum doch ihren Werth und wird in etwaigen ferneren Auflagen nach beiden Seiten hin sich ohne Zweifel noch mehr vervollkommnen. Grade bei solchen Sammelwerken kann der erste Angriff nie gelingen. Ein Buch zum andauernden Lesen ist eine Sprichwörter= sammlung nicht, das Blättern darin indeß gewährt manche Anregung und vermag manche trübe Stunde zu erheitern. Gar zu prüde Seelen freilich könnten auch mitunter einen Schrecken bekommen, aber es ist kaum zu fürchten, daß solche sich überhaupt an eine platte Sprichwörtersammlung wagen werden. (Oldenburger Zeitung 1859, Nr. 149).

Es ist sicherlich ein verdienstliches Unternehmen, einmal auch die niederdeutschen Sprichwörter und Redensarten zu= sammen zu stellen. Es spricht sich ja nirgends die Eigen= thümlichkeit und das besondere Wesen eines Volkes charakte= ristischer aus, als gerade in seinen Sprichwörtern, und wo die weit diese Eigenthümlichkeit verwischt und abgeschliffen hat, Zo die Volksbesonderheiten unter dem nivellirenden Druck der Gegenwart immer mehr verschwinden, da sind immer noch die Sprichwörter die letzten Wahrer derselben, sie sind wie der Spiritus, in dem die alte Volkssitte und populäre An= schauungsweise sich conservirt. Eine solche bloße Zusammen= stellung von Sprichwörtern bleibt aber gewissermaßen un= fruchtbar, wenn nicht auch eine Erklärung der unverständlichen hinzutritt — es sind unter den vorliegenden eine Menge, denen durchaus nicht anzusehen ist, was sie bedeuten und in welchem Sinne sie gebraucht werden. Auffallend ist es, nebenbei gesagt, daß unsere Literatur noch kein irgend auf Vollständigkeit ausgehendes Werk besitzt, welches nicht allein die Bedeutung und den Sinn, sondern auch die Entstehung und den Ursprung unserer Volksredensarten erklärt. Es gibt deren eine Menge, welche man täglich aussprechen hört, ohne daß der, welcher sie anführt, eine Ahnung davon hat, woher sie stammen, und was eigentlich ihr ursprünglicher Sinn ist.

Ein fleißiger Sammler könnte sich in dieser Beziehung noch ein großes literarisches Verdienst erwerben.
Levin Schücking.
(Illustr. Familienbuch X. Bd.)

Es ist eine alphabetisch geordnete Zusammenstellung von mehr als zweitausend plattdeutschen Sprichwörtern, ein wahres Buch der Volksweisheit, derb und kräftig, zuweilen etwas zu kräftig für den heutigen Geschmack, aber durchweg voll gesunden Lebens, scharfer Weltbeobachtung und einfach tüchtiger Moral. Natürlich kommen viele Wiederholungen darin vor, doch trägt fast jede irgend einen eigenthümlichen Zusatz, irgend eine kleine Färbung, eine Nuance, die das Volksleben von einer neuen Seite erfassen läßt. Sprachforscher wie Culturhistoriker wollen sich das kleine Buch nicht entgehen lassen; trotz seinem geringen Umfang und wiewol der Herausgeber es verschmäht hat, ihm irgend welche literarische Nachweisungen über die benutzten Quellen mit auf den Weg zu geben, enthält es viel Nützliches und Belehrendes und auch derjenige Leser, dem es bloß um eine augenblickliche Kurzweil zu thun ist, wird es nicht ohne Befriedigung aus der Hand legen.
Robert Prutz.
(Deutsches Museum 1860, Nr. 22).

Ein wahrer kleiner Schatz, worin sich der Mutterwitz des Volkes ausspricht. Es sind hier 2096 plattdeutsche Sprüchwörter und Redensarten gesammelt, in der Mundart des nordwestlichen Deutschlands. Das Glossar ist ein wenig knapp, selbst für plattdeutsche Leser, und Erläuterungen fehlen ganz, so dankenswerth sie manchmal sein würden.
(Kölnische Zeitung 1859, Nr. 275).

„Norddeutsche Sprichwörter und Redensarten" in der Zahl von 2096 sind von Karl Eichwald gesammelt, mit einem Glossar versehen und bei Hübner in Leipzig verlegt worden. Gewiß nicht ohne emsige Sorgfalt hat der Herr Verfasser eine so umfassende Sammlung zu Stande gebracht, die bei dem neu erwachten Interesse für das Plattdeutsche Vielen eine willkommene Gabe bieten wird.
(Zeitung für Norddeutschland 1859, Nr. 3286).

Es läßt sich nicht in Abrede stellen, daß die Bestrebungen, welche in der neueren Zeit um die Literatur der platt- und niederdeutschen Redeweise hervortraten, eine große Zahl von Schriften über plattdeutsche Sprache und in derselben veranlaßt haben, deren Verdienst, streng genommen, nur ein imaginaires oder sehr geringes war. Wir lassen es jedoch gelten, wenn den Sammlungen von volksthümlichen Redensarten die Absicht zu Grunde liegt, einen Beitrag zur Kenntniß der culturhistorischen Bedeutung der Idiome zu geben, und von diesem Gesichtspunkte aus dürfen wir auch der vorliegenden Sammlung unsere Anerkennung nicht versagen. Die Sammlung ist sehr reichhaltig und enthält manchen Kernspruch, sowie viele charakteristische Redensarten.
(Deutsche Reichszeitung 1859, Nr. 300).

Eine sehr dankenswerthe Zusammenstellung von über 2000 Sätzen nordwestdeutscher Spruchweisheit. Leser, die des Plattdeutschen nicht mächtig sind, werden freilich häufig Veranlassung haben, das Nichtvorhandensein erklärender Beigaben zu beklagen.
(Wigand's Telegraph 1859, Nr. 16.)

Eine Sammlung köstlicher und kernhafter Aussprüche; für die, welche dem Niederdeutschen ferner stehen, bedarf das Glossar noch einiger Erweiterung.
(Allg. Deutsche Lehrerzeitung 1860, Nr. 23).

Zwei Bücher in niedersächsischer Mundart, welche vor uns liegen, empfehlen wir der geneigten Beachtung nicht sowohl deshalb, weil sie zum Anbau jener Mundart einen Beitrag liefern, als vielmehr, weil sie dem Volke selbst abgelauscht sind, weil in ihnen der poetische Sinn, die gemüthvolle Naivetät und der Mutterwitz desselben sich ausspricht. In dem ersten sind 2096 „Niederdeutsche Sprüchwörter und Redensarten" von Karl Eichwald gesammelt und mit einem Glossar versehen. (Leipzig, bei H. Hübner. 1860).
(Hannov. Tagespost 1859, Nr. 302).

Manch köstliche Lebensweisheit finden wir hier in kernigen plattdeutschen Ausdrücken und zumal die in unserer Gegend üblichen Sprüche mit Genauigkeit und Treue gesammelt. Zwar läuft auch manche sehr derbe Redensart mit unter, doch verschwindet dieselbe in der Fülle praktischer Regeln und treffender Gleichnisse, die in der Volkssprache Geltung erlangt haben.
(Courier an der Weser 1859, Nr. 250).

Ein wahrer kleiner Schatz, worin sich der Mutterwitz des Volkes ausspricht. Es sind hier 2096 plattdeutsche Sprichwörter und Redensarten gesammelt, in der Mundart des nordwestlichen Deutschlands. Wir können dies kleine Büchelchen, welches namentlich für uns Nordländer Interesse hat, auf das Beste empfehlen.
(Norddeutsche Hansa 1859, Nr. 110).

Das Studium der vielgeliebten Muttersprache hat dem Verfasser nach und nach das Material geliefert, welches sich in diesem Büchlein abrundet. Er bietet 2096 Sprichwörter und Redensarten, gleichfalls alphabetisch geordnet, und seiner Zusammenstellung gebührt dasselbe Lob, welches wir über die vorige Schrift von Sandvoß aussprachen. Da sich der Verfasser jedoch nur auf das Niederdeutsche beschränkt hat, so würde es gewiß vielen Oberdeutschen lieb gewesen sein, unter den einzelnen Sprüchen und Redensarten eine möglichst treue hochdeutsche Uebersetzung zu finden. Das kleine Glossar von wenig Seiten Umfang reicht nicht aus, um des Dialektes Unkundigen überall das Verständniß zu eröffnen. Durch eine Uebersetzung würde das Schriftchen jedenfalls an Allgemeinheit gewonnen haben. L. Kellner.
(Lüben pädag. Jahresbericht XIII. Jahrg.)

Seit Dr. Bärmann in Hamburg seine plattdeutschen Gedichte, Lustspiele und Redensarten herausgegeben, hat die Literatur in dieser alten, herzigen Sprache fast ganz geruht, bis Klaus Groth sie wieder in's Leben gerufen und dabei einen gewiß unerwarteten Erfolg gehabt hat.

Hier in Bremen, wie in andern Städten Niederdeutschlands, verschwindet das Plattdeutsche seit 30 Jahren zusehends, und obgleich es früher die Haussprache der meisten Familien war, so versteht es die heranwachsende Generation kaum, deshalb wird auch der Bürgereid jetzt auf Hochdeutsch geleistet, und selten findet man in einem Localblatte ein plattdeutsches Gedicht, welches aufbewahrt zu werden verdiente. Nur unter den Landleuten und Schiffern wird es sich länger erhalten; Erstere kleben zu sehr an der Gewohnheit, um sich eine andere Mundart anzugewöhnen, und den letztern ist sie wegen ihrer Kürze und Bestimmtheit unentbehrlich, denn zu Schiffscommandos wird sie an Zweckmäßigkeit nur von der englischen und dänischen erreicht, während die hochdeutsche, französische und spanische Sprache sich sehr schlecht dazu eignen.

Klaus Groth hat aber noch einmal die alte Muttersprache der Niederdeutschen zu Ehren gebracht und dadurch Andere veranlaßt, auch in dieser Sprache dem Publikum etwas zu bieten. So erschienen kürzlich bei H. Hübner, Leipzig: „Niederdeutsche Sprichwörter und Redensarten von Karl Eichwald", eine reichhaltige Sammlung echter Kernsprüche, wie sie im Munde des Volks leben, die jeder Kenner der niederdeutschen Sprache mit Vergnügen lesen wird. Der Verfasser ist augenscheinlich ein Friese, oder aus den Marschen, denn manche Redensarten und auch viele einzelne Ausdrücke erinnern an das Leben in den Marschgegenden, z. B.: Eenen an'n Dik jagen. He fritt as'n Diker.

Von holländischen Wörtern findet sich Jüffer, Gatt und Baas, letzteres nur in der Redensart:

  He sitt Baas an.

Wenn nun auch im Allgemeinen das Wort Baas in der ganzen Wesergegend einen Schiffsbaumeister bedeutet, so kommt es doch auch vielfach in der ursprünglichen Bedeutung in Redensarten vor, wie:

  He sinn't nich lichte sienen Baas.
  Ick will di wiesen wer dien Baas is.

Auch von Redensarten, die unter den Schiffern entstanden sind, und sich durch den Verkehr mit denselben im Volke eingebürgert haben, finden sich eine Menge, wie:

  Wat to Backbord inkummt mutt to Stürbord ut.
  Gissen ist missen.

Von echten Bremer Redensarten der Seeschiffer finde ich nur:

  So lank as Leverenz sin Kind.

Bei einigem Verkehr unter den Bremer Seeleuten wird man aber auch, außer Capitain Lewerentz, dessen Kind an Länge, Dicke, Weiße, Klugheit u. dgl. alle andern übertraf, noch Kläner, Martin Peper, Harm Jassen, Sagemähl, Lappenbarg und andre merkwürdige Persönlichkeiten aus dem Ende des vorigen und dem Anfange dieses Jahrhunderts kennen lernen, und die Sammlung wesentlich bereichern können.

Obgleich, wie schon erwähnt, der Verkehr in plattdeutscher Sprache sehr abgenommen hat, so findet man doch noch vielfach Gelegenheit, namentlich unter alten Leuten, Redensarten zu sammeln, woran das Bremer Plattdeutsch besonders reich ist. Herr Eichwald hat z. B.:

Art let von Art nich.
De Appel fallt nich wit vunn Stamm.

welche beide aus dem Hochdeutschen übertragen sein können, dagegen fehlt das hier sehr bekannte und treffende:

Uhlen sitt't Uhlen uht. (Eulen brüten Eulen aus).

Vom Bauer handeln natürlich eine Menge Redensarten, doch könnte auch diese Sammlung darin aus hiesiger Gegend bedeutend vermehrt werden. So sagt man z. B. von einem Bauer, der sich bemüht, die Sitten des Städters nachzuahmen:

De Bu'r blifft en Bu'r und wenn he ok bit Middag sloppt.

Von einem Bauer oder einem Menschen ohne Bildung, der, weil er Vermögen' hat, in seiner äußern Erscheinung mit vornehmen Leuten wetteifern will, sagt man:

He gemahnt mi as'n koppern halben Groten, man kann em teinmal vergulden, he gelt doch nich mehr as'n halben Groten.

Das Gesagte soll aber keineswegs dem fleißigen Sammler zum Vorwurf gereichen, sondern nur zeigen, daß außer den 2096 Sprichwörtern und Redensarten, die sein Werk enthält, es noch manche giebt, die ebenfalls aufgeführt zu werden verdienen.

Das Einzige, was wir anders gewünscht hätten, ist die Orthographie, die freilich in manchen Stücken der in Klaus Groth's Quickborn gleich ist, doch ist sie nicht durchgehends befolgt. Klaus Groth sagt selbst, daß das Plattdeutsche sich schwer schreiben läßt, dabei gilt seine Orthographie nur für die Ditmarscher Mundart, welche mir viele Aehnlichkeit mit dem harten Hamburger Plattdeutsch zu haben scheint, da das e am Ende der Wörter und in der Endsilbe en meistens stumm ist. Dies is aber im andern, bei Weitem dem größern Theile von Niederdeutschland nicht der Fall, wo den Endsilben, auch in der Declination und Conjugation, mehr Aufmerksamkeit geschenkt wird, denn wir sagen: Föte, Straate, Lüe (auch Lüde), Göse, vertellen, backen, kriegen, lopen u. s. w.; dagegen sagt man in jenen östlichen Gegenden: Föt, Straat, Lü, Gös, vertelln, backn, kriegn, lopn, was uns hier nicht anders als sehr hart vorkommen kann. — Auch sind die langen Silben von den kurzen zu wenig unterschieden, so daß ein Unkundiger vieles gar nicht lesen kann, auch der in der Sprache Wohlerfahrene manchen Satz zum zweiten Male erst richtig liest. Wenn z. B.: Nro. 47 statt „Beter en Ap as en Schap,“ „Beter en Aap as en Schaap“, geschrieben wäre, so könnte man es beim ersten Durchlesen verstehen. So sind kurz: um, tut, is, wit, wat, al, in, vun, dagegen sollen lang gelesen werden: ut, gan, sin, sin, wis, wit, lat, ful, vel, Flesk u. s. w. welche daher besser: uht, gahn, sien sien wies, wiet, laat, fuhl, veel, Fleesk geschrieben würden. Ferner finden wir Dak in zwei Bedeutungen, doch würden wir empfehlen Dack (Dach) und Daak (Thau) zu schreiben. Ebenfalls drapen (getroffen) und Drapen (Tropfen), welches letztere Wort in hiesiger Gegend Druppen und auch Drüppen ausgesprochen wird. Viele Wörter sind jedoch mit dem richtigen Dehnungszeichen geschrieben, wie Aaatvagel, Been, keen, Steen, Stohl, Dehl, Tähn u. s. w.

Wörter wie Eesken, Flesk, Fisk, Kleweräsken, wusken, Taske, Döwel und andre der Art sind ganz ostfriesisch, und würden jedenfalls der großen Mehrzahl der Niederdeutschen verständlicher sein, wenn sie: Eeschen, Fleesch, Fisch, Kleweräschen, wuschen, Tasche, Düwel geschrieben wären, welches auch die Schreibart im Quickborn ist.

Bei der großen Abweichung in der Aussprache des Niederdeutschen in den verschiedenen Provinzen und Städten, sogar in einzelnen sich ganz nahe liegenden Dörfern ist es gewiß schwer, die in verschiedenen Gegenden gesammelten Sprichwörter richtig zu schreiben, daher sollte eine Mundart befolgt werden, und würde es jedenfalls besser sein, wenn die Orthographie von Klaus Groth ganz befolgt, oder wenn sie ganz nach der Hamburger, der Bremer, der ostfriesischen oder der westphälischen Mundart wäre.

Bremen. C. A. Pajeken.
(Herrig's Archiv XXVII).

Zur Erkenntniß der Sprache, des Geistes und Charakters unserer deutschen Volksstämme liefern Sprüchwörtersammlungen den sichersten Anhalt. Während in der plattdeutschen Dichtweise der neuesten Zeit doch mitunter in Form und Ausdruck irgend etwas von der Schriftsprache mit einläuft, sind die Sprüchwörter unmittelbar dem Volke aus dem Munde genommen. Die vorliegende Sammlung, welche sich durch Reichthum, Auswahl und in ihrer alphabetischen Anordnung auch durch Uebersichtlichkeit auszeichnet, führt uns die einfach=derbe Gemüthsart unseres niederdeutschen Volkes, seinen naiven Humor, Verstand und Rechtssinn in ihrer ganzen Natürlichkeit vor. Ein am Schlusse beigefügtes Wörterverzeichniß liefert einen neuen und doch alten Beweis, wie wenig unsere Schriftsprache den ganzen Reichthum der Mundarten in sich aufgenommen hat und wie sehr sie sich noch in Zukunft an ihnen zu bereichern vermag.

(Teut 1860, 3. Heft).

Im Verlage von **J. Kühtmann's** Buchhandlung in Bremen ist erschienen:
Wiegenlieder, Ammenreime und Kinderstubenscherze in plattdeutscher Mundart. Mit Illustrationen. Eleg. gebunden 1⅕ ℳ.

Schon vor einigen Jahren wurden von einem Freunde der plattdeutschen Sprache die Wiegenlieder und Ammen=Reime unserer Kinderstuben herausgegeben. In der Familie gesammelt, waren sie auch zunächst nur für die Familie bestimmt. Das durch Klaus Groth neu angeregte Interesse für die plattdeutsche Sprache hat sich, während Hamburg, Holstein und Mecklenburg schon eine ansehnliche plattdeutsche Literatur haben, äußerlich bei uns noch nicht gezeigt. Der weiche, dem Ohr so gemüthlich klingende Dialect verdient wohl neben den andern bekannt zu werden und wird auch außerhalb Bremen Anklang finden. Für Bremens Mütter ist aber dies Buch eine schöne Festesgabe, ist es doch für viele von ihnen eine liebe Erinnerung an die Jahre der Kindheit. Die alten Melodien, die uns die Ammen und Wärterinnen gesungen, klingen von selbst an in unserm Ohr, sie erben sich fort auch ohne Noten, die unsere Wärterin auch nur für Tintenkleze hielt. Die Illustrationen von Ferd. Polzin sind allerliebst gezeichnet, namentlich gefällt uns, daß die Architectur und die landschaftlichen Bilder den Charakter unserer Stadt und Umgebung getreu wiedergeben. Gerne hätten wir aber auch „use ole Margreth oder Anna" gesehen, wie sie mit uns sang und spielte. Die alten naiven Räthsel finden ihre Auflösung in dem Titelblatt, das unter dieser Fülle etwas leidet. Ueber die Orthographie wollen wir mit dem Herausgeber, dem wir zu so großem Dank verpflichtet sind, nicht rechten; es sind darüber eben die Gelehrten, wie über so viele Dinge, nicht einig, ein Umstand der sogar eine neue Ausgabe unsers bremisch-niedersächsischen Wörterbuchs bis jetzt noch verzögert hat. Der Verleger hat das Buch brillant ausgestattet und den Preis so billig gestellt wie wir bei ähnlichen Werken kaum gefunden haben. (Bremer Tageblatt Nr. 300)

Bremer „Kinder- und Ammenreime" erschienen bereits im Jahre 1836. Die vorliegende Ausgabe erscheint in der Ausstattung eines Bilderbuchs für Kinder, zum erfreulichen Beweise, wie die Bedeutung der Volkssitte und Literatur auch außerhalb der Wissenschaft immer größere Würdigung findet. Diese Ammenreime sind dem Kinde gewiß eine gesundere Nahrung, als alles süßliche, gereimte und ungereimte Zeug unserer „gebildeten" Jugendschriftsteller. Eine andere Frage ist freilich, ob auf literarischem Wege sich einführen lasse, was die lebendige Sitte nicht zu halten vermag. Obwohl für die Wissenschaft nicht berechnet, ist die Sammlung, da sie nur Echtes enthält, doch auch als Quelle zu benutzen, und reiht sich daher der Literatur der volksthümlichen Kinderreime an, die in Rochholz ihren würdigsten Bearbeiter gefunden haben. Manches, namentlich die Wiegenlieder, ist von großem naiv poetischem Reiz, wozu die mundartliche Form nicht wenig beiträgt, und eine wahre Perle ist das Liedchen:

 Van use olen Tuhnschen
 Koopt wi de Röt' alltied;
 De Tuhnsche de is sturven,
 De Röte sunt verdurven,
 Dat Geld dat sunt wi quiet.

Die Illustrationen sind recht sauber gemacht.
(Frommann, Mundarten. 1859. Heft 1.)

Eines jener Büchlein, welche nie veralten, auch diesem Dauerwerthe angemessen ausgestattet; Xylographie und Druck ist von F. A. Brockhaus. Die Illustrationen vom Titelbild und vom „Eia popaia, wat russelt int Stro?" bis zum Ringelreihen-Spiele sind äußerst ergötzlich und ganz dazu geeignet, daß bei ihrem Anblick das Herz der Großen ebenso fröhlich lacht, als das der Kleinen. Den sprachlichen und sittengeschichtlichen Werth des Büchleins ziehen wir später bei einer besondern Gelegenheit im Panorama ausführlich in Betracht.
Panorama des Wissens, pag. 26.

Druck von Heinrich Strack.

Druckfehler.

Seite	3,	Zeile	12	v. o.	statt:	sünt,	ließ: sün d } und überall wo sich dieser Fehler wiederholt.
„	4,	„	7	„ u.	„	bit,	„ bitt
„	30,	„	5	„ o.	„	weer,	„ we'er.
„	48,	„	4	„ u.	„	un	„ nu.
„	77,	„	5	„ o.	„	un,	„ nu
„	81,	„	3	„ o.	„	Unerschriften,	„ Unnerschriften.
„	88,	„	1	„ o.	„	weber,	„ webber.
„	91,	„	6	„ o.	„	Heet,	„ Hett.
„	98,	„	4	„ o.	„	Müschen,	„ Münschen.
„	98,	„	10	„ u	„	so,	„ se.
„	107,	„	4	„ u.	„	bebb'	„ bebb'.
„	125,	„	1	„ o.	„	un,	„ nu.
„	144,	„	9	„ u.	„	baan,	„ bann.
„	166,	„	13	„ o.	„	ben,	„ bien.
„	171,	„	12	„ o.	„	wicken,	„ wieken.
„	180,	„	5	„ o.	„	ba,	„ bat
„	180,	„	14	„ o.	„	Warr,	„ Waar.
„	198,	„	6	„ u.	„	naman,	„ nu man.
„	200,	„	9	„ u.	„	seegt,	„ seggt
„	205,	„	9	„ u.	„	be,	„ wi.
„	257,	„	2	„ o.	„	psenb.,	„ pseub.

www.ingramcontent.com/pod-product-compliance
Lightning Source LLC
Chambersburg PA
CBHW031336230426
43670CB00006B/345